剣道　心の鍛え方

剣道 心の鍛え方／目次

第三章　没頭、集中。ゾーンをひも解く　73

第四章 レジリエンス。折れない心のつくり方 105

第一章

欠点は個性。長所を磨こう

アソシエーション　ディソシエーション

テレビでマラソンの中継を見ながら、私はいつも「マラソン選手は走りながらいったい何を考えているのだろう」と疑問に感じていました。ランナーは42・195キロもの距離を2時間以上もフルスピードで走り続けるわけです。日々どれだけトレーニングしている選手であっても苦痛を感じないはずはありません。疑問に思った私は、実際にマラソンのオリンピック選手に会ってこの疑問について尋ねてみることにしました。そして、そこで意外な回答を聞くことができました。

マラソンの先頭を走るランナーはとても強いストレスを抱えています。「今のペースをゴールまで持続できるのか」「後ろを走るランナーがいつ追いついてくるのか」。先頭を走ること、それは「孤独と苦痛との戦い」なのです。そこで、その苦痛をそらすためにランナーがとる方法は、「意識を自分の身体に向けたり、切り離したりすること」だといいます。例えば、私がインタビューした選手は、前を走っている先導のバイクの4桁のナンバープレートを見ながら、その数字を足したり、引いたり、かけたり、割ったりしながら、ナンバーの数字を30、50、100などのまとまった数にすることに集中するそうです。つまり、このマラソン選手はレースの後半、苦痛や疲れから気を紛らわすために、意図的に自分の身体やレース内容以外のものに注意を向けていたのです。

この方法は、運動心理学において「認知的方略（Cognitive Strategies）／考え方の手立て」というテーマ領域で研究されています。運動心理学者のモーガン（Mogan, 1978）は、運動中に用いられる認知的方略を「アソシエーション（association）」と「ディソシエーション（dissociation）」の2つに分類して説明しています。アソシエーションとは、運動中に身体内部の感覚に集中し、パフォーマンスに関わる身体要因に気づくことであり、ディソシエーションとは、身体の感覚以外の事柄に注意を向けることを意味しています。この2つにはそれぞれメリットがあり、例えば、アソシエーションの方略を用いるランナーは、呼吸、体温、ふくらはぎや大腿部の重み、胸部の感覚などに注意を向け、最大のパフォーマンスとオーバーペースとの境界を見極めることができます。

また、ディソシエーションの方略を使うランナーは、ランニングから生じる苦痛を意図的に遮断するために、走りながらに、旅行に行く計画を考えたり、新築する自宅の間取りを想像したり、複雑な数式を解いたりしています。トップのアスリートは、ディソシエーションを有効に活用していますが留意すべき点もあります。それは、障害を予防するための信号である痛みから意識を切り離すことによって自分の身体の状態に対する把握が鈍るのです。そのため、対処が遅れて気付いた時には大けがや熱中症になどの重篤な状態に至るケースが考えられます。

一見、単調にも見えるマラソン競技において、トップ選手は意識的に自分の身体の感覚に集中したり、あるいはわざと切り離したりすることで、自分の最も良い状態をキープしていたのです。

このような視点でマラソンを観ると、ランナーの表情も今までとはちょっと違って見えるのではないでしょうか。じつは先頭を駆けるランナーの脳裏には、すでに生ビールと焼き鳥をほおばる自分の姿が鮮明に映し出されているのかもしれません（笑）。

巧みな援助が重要。伸びしろの研究

興奮冷めやらぬ中、ロンドンオリンピック（２０１２）が閉幕しました。日本代表チームは、ロンドンオリンピックで史上最多38個のメダルを獲得しましたが、その中でも３つのメダルを獲得し、一躍注目の的となったのが、競泳の鈴木聡美選手（21歳・大学4年生）です。

「私、そんなすごいことをやっちゃったんだ」と本人もびっくりのニューヒロイン鈴木選手も、ずっとトップ選手であったわけではありません。高校時代、全国大会の決勝に進んだ経験はあるものの表彰台とは無縁。大学に進学するまでの自己ベスト（2分32秒25、２００９）は、現在の小学生記録にも及ばなかったのです。大学入学時に「国際大会に出られるような選手になりたい」と目標を口にした彼女に、コーチは「今年は無理だろうから3年生になった時にユニバーシアードに出られるように頑張っていこう」と少々困惑気味に声をかけたそうです。コーチですら、彼女がオリンピックに出場することを想像もしていなかったのです。

けれど、入学後、神田忠彦コーチのもと「泣きながら泳いだ」というほどの厳しい練習によって、鈴木選手の能力は周囲の予想をはるかに超えたスピードで開花していくのです。１年生で日本記録を更新。腕のかき、２００メートルを泳ぎ切るスタミナ、今まで自分に足りなかったものを着実に身につける中で、タイムはみるみる縮まり、ついにロンドンオリンピックという大舞台を踏むことになるのです。

さらに、その後も彼女の勢いはとどまることを知りません。初めてのオリンピックでも何も臆することなく好記録を連発。彼女はたった数年の間に世界的なスイマーへと見事な変貌を遂げたのです。レース後、「こんな自分を4年前は想像もしていなかった」と語った鈴木選手。彼女自身が一番自分の「伸びしろ」に驚いていたのかもしれません。

ロシアの発達心理学者ヴィゴツキーは、「発達の最近接領域（Zone of Proximal Developmen）」を見出し、その後の教育界に大きな影響を与えました（Vygotsky, 1978）。子どもには自分ひとりの力で達成できる水準と、仲間や大人がちょっと手助けしてやることによって達成できる水準があります。この2つの水準の差が最近接領域です。これを簡単に言うならば、その人が持っている「発達の可能性」であり、「伸びしろ」です。教育や指導に携わる者にとっては、最近接領域には個人差がありますから、子どもが自力で達成できないことを、いかに巧みに援助しながら個人に合った強度（むずかしさ）とタイミングで、最終的に自力での達成につなげるかが腕の見せ所といえるでしょう。

ヴィゴツキーの展開した理論は、子どもだけに適用されるものではありません。人間はいくつになっても何らかのきっかけでその人の伸びしろを開花させる可能性が十分にあるのです。まして、剣道は数十年という長期にわたって現役を続けられる数少ない種目です。若い頃はパッとした成績が残せなくても、ある年代にさしかかった時期から充実期を迎える可能

性は少なくないのです。
　ですから、普段の稽古でもこんなふうに考えたらどうでしょう。自分の剣道においてまだ直すべき所がたくさんあるということは、まだまだ剣道が伸びる余地があるということ。つまり、今自分に足りない所は上達への「伸びしろ」というわけです。そう考えると上手くいかないことも前向きに受けとめられるのではないでしょうか。「心と身体の伸びしろ」をこれからどう開花させるか、とても楽しみになってきましたね！

リーダーシップ。名監督の条件

「どんなリーダーが理想的なリーダーなのか」、社会が変化するにつれ、求められるリーダー像も変化している傾向があります。今回取り上げるのは、ドイツ・ワールドカップ（2011）において「なでしこジャパン」を優勝に導いた佐々木則夫監督です。世界一になって帰国後、表敬訪問した当時の菅首相に「チームをまとめ上げた統率力を学びたい」と言わしめた卓越したリーダーシップとマネジメント力には、スポーツ界のみならず、様々な領域から注目が集まりました。そして、その評価は国内に留まらず、日本女子監督としては初となるAFCアジアサッカー連盟最優秀監督（2011）に選出され、さらにFIFA国際サッカー連盟女子世界年間最優秀監督賞（2011）も受賞しました。

「なでしこジャパン」の特徴の1つに監督と選手の人間関係性が挙げられます。選手は自分の思いや提案を率直に監督にぶつけ、その度に監督はそれを聞き入れ、一方的に押しつける事なく、自主性を高める方針でチームを育てていきました。佐々木監督はこのスタンスを「横から目線」と表現しています。けれど、佐々木監督も、選手の言い分をすべて聞き入れるわけではありません。ある時（イングランド戦の敗戦後）、主将の澤穂希選手が「練習量が多いのでは？」「みんな疲れがたまって試合では動けなかった」と提言しました。佐々木監督はその話を聞いた上で、今練習量を多くする理由を丁寧に説明し、さらにプレーの例を挙げて「それを言い訳にするな」と指摘したそうです。明確な目標を示し、目標に近づく方法はできるだけ選手の自主性に任せる。けれど、その過程で譲れない所は譲らない。その代わり、譲れない理由や必要性は時間をかけて納得するまで説明する。この一手間を惜しまない点が彼のチームマネジメントの神髄なのです。

また、佐々木監督が選手達と接する態度を見ていると、一般的に想像しがちな「豪腕」指導者のイメージからはほど遠いことに気づかされます。優勝会見でも〝おやじギャグ〟を連発。選手達は「ノリさん、いい加減にしてよぉ」とあきれ顔。正直、見ているこちらがハラハラする展開ですが、佐々木監督はこの状況にも至って「笑顔」なのです。実際に選手からの評価は高く、「選手の気持ちを分かってくれる（澤選手）」、「懐の深さがあるからここまでついてこられた（宮間選手）」など、監督へ寄せる信頼は絶大です。

彼は著書『なでしこ力』の中でこんなことを語っています。「〝俺の言うことを聞け〟と選手に命令する態度では監督としては失格。言って聞かせてできるのであれば誰でも名監督になっている。そもそもサッカーは命令されてやるものでない」と。彼の哲学を象徴するエピソードがあります。ワールドカップ準々決勝、開催国ドイツとの大一番を前に、佐々木監督は選手に東日本大震災の被災地の映像を見せました。そこには被災した人々が必死に震災と闘う姿がありました。準決勝のスウェーデン戦前には、震災から立ち上がり復興に尽力する

被災者の逞しい映像。さらに、決勝戦前には日本女子代表30年の歴史を映像で見せました。どの選手も涙ながら無言のうちに今自分ができることを認識し、勝負に向け決意を新たにしたのです。つまり、佐々木監督のやり方は、上から目線で選手を従わせるのではなく、「気がついたら自分でそうしていた」という環境を意図的につくり出すことなのです。彼は、「なでしこジャパン」という個性的な集団を力でねじ伏せることよりも選手個々の個性を尊重する。そして、不安・動揺するようなピンチの局面では自らが笑いをとって選手をリラックスさせる。その方が良いチームに育つことを始めから知っていたのでしょう。そう思って聞くと佐々木監督のおやじギャグも深い趣を感じますね。

ナイジェリアとの戦いを前に「きっと体力負けする」と動揺する選手達に向けて、「お前ら、フィジカル、ナイ（無い）ジェリア？」と言いのけた佐々木監督、やはり強者です（笑）。

行動につながる。イメージする力

「プシューッ」と音を立て電車の扉が開くと、防具と竹刀を抱えた女子学生達が電車に乗り込んできました。私はこの日、全日本女子学生剣道優勝大会（団体戦）の審判員として、開催地の春日井市に向かう途中でした。

「全日本に出場する選手達だな」と思いながら彼女達に視線を向けると、「こんにちは、お疲れ様です」と学生達から挨拶をされました。それも目を見て丁寧な挨拶。もちろん彼女達とは面識はありません。けれど、おそらく彼女達は、慌ただしく車輌に乗り込みながらも、瞬時に私の服装や様子から明日の審判員であることを察知したようです。こちらの方が一瞬驚いてしまうくらいの早業でした。しかも、この一連の応対はとても自然で、日頃から意識・習慣化されたものであることは明らかでした。

スポーツ心理学者の中込（１９９６）は著書の中で、競技力を高めるスポーツ選手のイメージトレーニングは、質の高い「イメージを描く」ことから始まり、その後、視覚、筋感覚、感情などをイメージの中で想起し、次第にイメージの鮮明性を高めながら、最終的にイメージの中でコントロール・修正していくものであると解説しています。けれど、イメージを描くことは、一朝一夕に習得できるものではありません。まずは「イメージを描く」ためのトレーニングが必要なのです。それだけに、何度も①見て（情報収集）→②イメージを描き（イメージ化）→③行動に移す（行動化）という過程（プロセス）を繰り返すことが求められます。イメージを描くことは、競技の中だけで培われるのではなく、普段の生活の中で育まれていくものなのです。

プロ野球・中日ドラゴンズ元監督の落合博満氏は、現役時代三冠王を三度も手にした名打者です。彼は投手が投げる球種を見分かる方法として、投手と背後の景色を一枚の写真と見立ててイメージをつくり、投手越しに見える看板やスタンドなどの背景を基準とすることで、投手の微妙な手元の違いを瞬時に見極めていたそうです。そのため、彼はバッターボックス内で1球ずつ丁寧に足下の凹凸をならしたといいます。それは、足下が平らでなければ背景と投手の関係がずれてしまい球種の見極めに誤差が生じるからです。名選手と言えども、ここまで鮮明なイメージをつくることに神経を使っていたとは驚きです。

剣道において、立ち合いの中で相手の動き、気配、呼吸などのわずかな情報から相手の動きや考えをイメージし、それを基に技を展開する力が不可欠であることは言うまでもありません。さらに、「イメージする力」は人間関係の中にあっては、相手に対する「思いやり」や「やさしさ」を生み出す根本として機能しているのです。

さて、話はまた元に戻って剣道の全日本大会当日。電車で出会ったあの女子剣士達はどうだったかというと、見事な剣さばきで上位に進出していきました。それもそのはずです。あれだけの情報収集能力とイメージ力、行動力を備えているわけですから、相手の動きや心理を捉えることにも長けているはずです。私には勝つべくして勝ったように思えました。「たかが、挨拶」と言われるかもしれません。しかし、挨拶に至るまでの過程が剣道を強くすることに影響するとしたら、これはまた違った意味を持つはずです。

今、現代人には、わずかな情報からイメージを描き、そのイメージを基に瞬時に行動を起こす力が弱まっている気がします。もし、この力を剣道で育てることができるならば、世の中の人々は驚きを以てさらに剣道人を魅力的だと評価するに違いありません。

今回、私が電車の中で経験した出来事はほんの小さな1コマですが、改めて剣道人の魅力に触れた1コマであったことは間違いありません。

緊張の糸に切れ目あり。テンション・リダクション

団体戦1試合目を終え、チームの勝利にみんながホッとしています。それは、試合前までの張り詰めた雰囲気とは打って変わったとてもリラックスしたもの。チーム内には笑い声がこぼれています。みんなの調子は上々。「この調子ならば上位がねらえそうだ」そんな会話が聞こえてきます。

しかし2回戦、格下と思われる相手に大苦戦。序盤から相手の勢いに押され、あれよあれよという間に悪夢の敗退。こんなことが起こるのが勝負の難しいところ。皆さんにも経験がありませんか。この状況は、ただの不運のように取り扱われることが多いのですが、じつは心理学の視点から見るとこれにはある理由が考えられます。

人は重要な出来事に挑む場合、それを乗り越えるための気構えと身構えをつくり、緊張感も高まっていきます。この緊張感の高まりがパフォーマンスを十分に発揮するためにはきわめて重要であることは著書の中ですでに解説しました（矢野、２０１３を参照）。しかし、その出来事が済んでしまうと、人はその緊張感から開放され、気構えも身構えも解けて無防備な状態に陥ってしまうのです。それを、「テンション・リダクション（tension reduction)」と呼びます。テンション・リダクションとは、言うなれば、「緊張の糸が切れた状態」で、この状態ではそれまで集中していた注意力が散漫になり、思わぬミスをしやすくなるといわれます。ですから、冒頭の例では、1回戦の勝利によってテンション・リダクションが起こり、それに誰も気づかないままリラックスムードで試合に入ったことで、このような不本意な結果になってしまった可能性が考えられます。テンション・リダクションは緊張感が強ければ強いほどその反動も強まりますから、大接戦を制した次の試合などには特に注意が必要とされます。また、試合中の一瞬にもテンション・リダクションは起こりえます。たとえば、自分の放った打突が「決まった」と思った瞬間。「勝ったか？」しかし、実際には審判の旗は1本しか上がっていない！「あーっ、だめか！」そんな時、すかさず相手が放った一撃によって勝敗が分かれたりするわけです。まさに、勝負の明暗は一瞬といえます。また、一般的な例でも、睡眠時間を削ってがむしゃらに受験勉強をするも、受験を終えた途端に体調を崩したり、車のドライブ事故に至っては、遠くでの事故よりも自宅近くに戻って来てからの事故の方が多いなど、病気やケガのタイミングは「気が抜ける」ことにも関係していて、単なる偶然だけではないのです。

たしかに常に緊張感を持続させながら行動すればテンション・リダクションは起きません。けれど、人間は緊張し続けることができないのです。ですから、緊張とリラックスをうまくコントロールするための取り組みが求められます。優秀なアスリートであっても、集中を持続する能力が一般人と大きくかけ離れて高いわけではないといわれます。ただ、自分がどの

ような場面で集中が途切れるのかを明確に把握しているというのです。そのため、緊張とリラックスをうまくコントロールしてミスを減らしているわけです。テンション・リダクションの存在を知り、試合中に気構えと身構えを解かない対策を普段の稽古で意識することで、テンション・リダクションが起こることを未然に防ぐ可能性が高まります。すなわち、その準備こそが勝負に向けた「心構え」なのです。

そう言えば、子どもの頃、遠足の解散式で先生が言っていた決まり文句、「家に帰るまでが遠足です」というセリフは、じつはテンション・リダクションに配慮したものだったのですね！

ステップアップの鍵。プラトー（停滞）

我々はよく日常会話の中で「スランプ」という言葉を使いますが、その実体はあまり正しく理解されていないまま使用されていることが多々あります。実際には、ただ単純に進歩や上達が思うように進まない状態をスランプと呼んでいる感がありますが、じつはそれは「プラトー（plateau）」であることが多いのです。

人は練習や学習を重ねることによって、徐々にできることが増えたり、よりスムーズにできるようになったりします。しかし、それまで順調に進歩・上達を示して来たにもかかわらず、ある時点からパフォーマンスが「停滞」する現象が現れます。この現象を曲線のかたちからプラトー（高原現象）と呼びます（図1）。プラトーは、ブライアンとハーター（Bryan & Harter, 1897）という心理学者によって発見されました。それははじめ、モールス信号の受信・発信技能の上達に関する実験で確認され、その後に運動学習の研究へと適用されていったのです。

それではさらに、プラトーの特徴をスランプとの比較から明らかにしていきましょう。この両者が決定的に異なるのは、プラトーが「停滞」であるのに対して、スランプは明らかに

「低下」であるということ（図2）。そして、プラトーは初級者から中級者に移行する時期に現れ、一方スランプは、中級者から上級者に現れ、あるレベル以上のパフォーマンスを持つ者に見られる現象といえます。

運動心理学者の杉原（2003）は、プラトーの原因と解決方法を解説しています。それをまとめて以下に示しました。

①**練習時間の問題**―練習時間が少ない場合、練習時間内ではそれ以上の進歩や上達が望めない場合がある。この場合、練習時間を増やすことによって問題が解決される。

②**練習法の問題**―同じような練習を長期間続け、練習がマンネリ化してしまうことによって生じる。練習法に変化を加え、練習の質を高める必要がある。

③**学習の移行段階**―プラトーは、学習の移行段階（困難な時期）に現れる場合が多い。この時期はパフォーマンスが停滞し、進歩・上達が実感できないため、とても苦しい時期である。この場合にはパフォーマンスの停滞を覚悟して、現在どのような移行段階に来ているのかを探りながら粘り強く練習を続けることが求められる。

④**悪い癖の固着**―悪い癖がついてしまった場合、その癖を修正しなければそれ以上進歩しないということがある。

⑤**動機づけの低下**―動機づけ（やる気）が低下し、そのために練習への集中力が無くなり学習効果が現れにくくなる。

⑥**疲労の蓄積**―精神的・身体的に疲労が蓄積され、そのため学習効果が現れにくくなる。こ

の場合には気分転換をしたり休養をとったりする必要がある。

ようやくうまくなってきた頃に経験する上達の「壁」は、じつはスランプでなくプラトーだったのです。一生懸命に努力しているのにその成果が現れないとき、人は真っ暗なトンネルに迷い込んだような気持ちになり、先の見えない状況の中で、動揺し希望さえも喪失していくことがあります。けれど、長期的な上達の過程では、プラトーは必ず現れるものなのです。つまり、見方を変えると、プラトーが現れたということは、上級者に向け次のステージへ進むパスポートが示されたと解釈できるのです。停滞した時期の努力こそが、次のステージに進む推進力となると思い、この機会にこれまでの自分自身のあり方を見直してみてはどうでしょう。

　革命が起きるときのたったひとつの条件は、「本当に困って大変なとき」といわれます。大変なときこそがまさに新しい自分と向き合うとき。今のステージに別れを告げ、新しいステージにステップアップする準備を始めましょう。「大変」とはその字が示すとおり、「大」きく「変」わるチャンスなのですから。

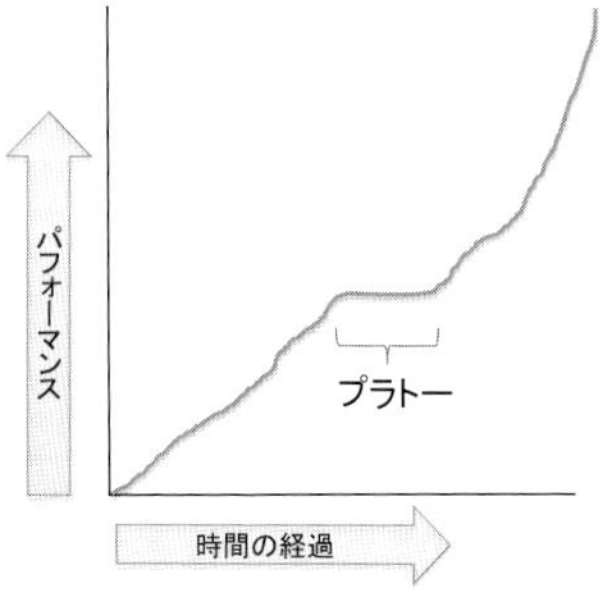

図１　プラトーのイメージ

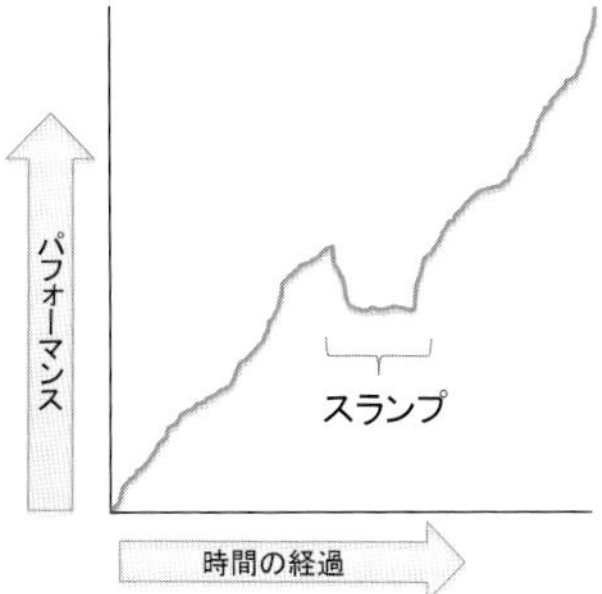

図２　スランプのイメージ

欠点は個性。長所を磨こう

「あの選手の面打ちは豪快で魅力的だなあ」

我々はよく驚きを込めて選手が放った技に感嘆します。ですが、本人は意外にも「小手はからっきし自信がありません。それが悩みで…」と、どうも自分の得意な部分よりも苦手な部分が気になるようです。

「あんなすばらしい技を持つ人だから、当然他の技も優れているはず」

一つの特徴に優れている人はすべてのことに長けているはずだという思い込み現象を心理学では、「ハロー効果（halo effect）」と呼びます（Nisbett & Timothy, 1977）。ハローとは、「後光」を意味しますが、後光とはまさにキリスト像や仏像の背後にある光の輝きのこと。後光がさしているものは、それがただの木彫りの像であっても、それだけで神々しく、有り難いものに見えるのです。

けれど、ハロー効果の有効期限は意外と短く、相手の内面を知っていく中で評価が平均化され、ハロー効果の威力は次第に減少していきます。残念なことに、最初に「この人はすべてにおいて完璧」と、ハロー効果のためやたらと高い評価を受けてしまうと、その後どんな失敗も許されず、少しでもしくじると必要以上にがっかりされてしまうことがあります（ロス効果）。

また一方で、その反対のケースも存在します。最初はあまり評価されなかった人が気の利いた態度や行動をとると評価がぐんと上昇したりするのです（ゲイン効果）。しかし、ロス効果にせよゲイン効果にせよ、所詮は他者が勝手な思い込みでつくり出した偶像に他ならず、本来の自分が持つ魅力とは必ずしも合致しないのです。よくトップアスリートが、メディアやファンがつくり上げた完璧なイメージに自分を無理に重ねようとして、スランプに陥ったり、燃え尽きたりするケースが報告されています。往々にして、人はすでに持っている自分の魅力にはあまり注意を払わず、他者が魅力的だと評価するものを求めようとするようです。

それでは、人間の「魅力」の形成には何が関係しているかについて考えてみましょう。そのヒントを身近な所にも見ることができます。

『SLAM DANK（スラムダンク）』という漫画をご存じの方も多いでしょう。この作品は、「日本のメディア芸術１００選」（文化庁、２００６）のマンガ部門で一位に選出された発行部数一億を超える国民的なバスケットボール漫画ですが、その作者の井上雄彦氏は、『SLAM DANK』が多くの読者に愛される秘訣をこう述べています。それは、「魅力的な登場人物を描く」こと。そのために作者がしていることは、「登場人物すべてに必ずひとつは欠点をつくる」ことなのです。決してすべてが完璧でオールマイティな人間は描かないのです。たしかに、主人公の桜木花道は才能にあふれているがバスケットを始めたばかりで経験

がない。ライバルの流川楓はテクニックが抜群だが体力がない。同じチームの宮城リョータは俊敏で機動性に富んでいるが背が低い。好敵手の仙道彰は華麗なテクニックを持ち体力も抜群。自分のプレーだけでなく周囲も生かすことができて、長身でしかもイケメン。けれど仙道彰には、運がない。

　自分の不足した部分を努力によって完成させていくことは、人間の成長にとって不可欠です。けれど、魅力とは必ずしも完璧には直結せず、むしろ、欠点がその人の持つ長所や存在感をより特徴的に引き立たせていたのです。

　であれば、魅力的な自分をつくるためには、欠点を無くしてすべてを平均的で無難にまとめることよりも、まずは長所（特徴）に磨きをかけることを優先すべきだといえるでしょう。

　欠点こそが個性で、人は個性があるから愛されるものなのかもしれませんね。

リフレーミング。ピンチはチャンス

第60回全日本剣道選手権大会（２０１２）を制した木和田大起選手（大阪）は、優勝インタビューの中でこんな興味深いコメントをしています。「竹刀放しの反則をしてしまった時にふっきれました」と。ややもすれば、反則をおかし、「どうしよう、追い込まれてしまった」とネガティブ（消極的）な思考に陥ってしまいがちですが、木和田選手は、反則というマイナス要素を瞬時に勝負する覚悟、すなわちプラスのエネルギーに転換し、その直後、突きに出た内村選手（東京）に対し、ここしかないという絶妙なタイミングで小手を決めたのでした。この土壇場での思考の切り替え方は、スポーツ心理学の見地から見ても、みごとというしかありません。

我々の周りに存在するモノはすべて多面体であり、視点によってその見え方が大きく異なります。例えば、水面をすべるように泳ぐ白鳥も、視点を水中に移せば、バタバタと必死に足を動かしています。それは、水面に浮かぶ優雅さとはほど遠い状況です。けれど、これは視点を変えただけで、白鳥そのものには何の変わりもないのです。この論理は、直接目に映らない心理的側面においても同様で、同じ事象に対してそれをどう評価するかで考え方や感じ方が変化します。これを心理学では「リフレーミング（reframing）」と呼びます。リフレーミングは、認知や視点（枠組／ｆｒａｍｅ）を自分の中で再（ｒｅ）構成する技法で、このリフレーミングの仕方によって意味づけがプラスにもマイナスにも変化し、それが行動の変化へ繋がり、最終的には結果の良し悪しにも大きく影響を与えるのです。ですから、トップ選手は身体的能力だけでなく、リフレーミングのような心理的能力にも長けていると言えます。

　モノの見え方がひとつではないように、人にも複数の側面があります。それが「光」と「影」。トップ選手にもスポットのあたる光の部分と苦悩と努力の影の部分が存在します。木和田選手にあっても大きな影を経験しています。それは、イタリアの世界大会での韓国との団体戦決勝。引き分けで日本が優勝という場面でまさかの二本負け。のちに彼は、「足の止まった所を打たれてしまった」ことを敗戦の原因として挙げています。そして、自分の負けによって日本チームが窮地に立たされたことに強く自責の念を持ったようです。けれど、木和田選手の心理的競技能力の高いところは、気持ちの切り替えの速さ。世界大会から帰国するや否や、いつまでも落ち込んだりせず、前向きに敗戦の原因を洗い出し、徹底的に弱点の強化に乗り出します。木和田選手曰く、とりわけ足さばきの稽古には精力的に取り組んだようです。そしてその後、世界大会の敗戦の影響を感じさせるどころか、近畿管区大会、全日本選手権大阪府予選、全国警察大会を制し、すべてのタイトルを総なめにしていくのです。そして辿り着いた全日本選手権大会、ついに念願の日本一にまで登りつめたのです。試合の

内容は特に「足を使った攻めが光った」と評されました。木和田選手は、世界大会での敗戦をターニングポイントとして、弱点であった足さばきを自らの「強み」にまで変えてしまったのです。

リフレーミングのポイントは、「物事を一方向からだけ見ないこと」。わかっていてもなかなか難しいことですが、まずは日常で起こる数々のマイナスな出来事を、その都度プラスに置き換えてみて下さい。それに慣れたら次はなるべくスピーディーに。数をこなしていくうちに徐々に物事をプラスに捉えるクセがついていくことを実感してきます。たいへん地味な作業ですが、普段からモノの見方を意識して暮らすことが、いつか自分をまばゆい光のあたる場所に押し出す力となるはずです。

主将にふさわしい人。主将にふさわしくない人

2012年のノーベル医学生理学賞を受賞した山中伸弥教授が著書『山中伸弥先生に、人生とiPS細胞について聞いてみた』の中でこんなことを述べています。

「iPS細胞は多くの人の努力の結晶として生まれました。研究にはビジョンとハードワークが不可欠で、マラソンというよりは駅伝に近いと言った方がよいと思います。誰か一人だけが速くてもダメです。全員がバテずに最後まで走り続けることが僕達の使命です」と。山中教授が特に強調するのは、この成果は山中教授が単独でたどり着いたものではなく、研究に携わった多くの人がタスキをつないだ結果だということ。つまり、この世紀の大発見は山中研究室のチームワークが生み出したものであり、そこにはメンバーをまとめあげた山中教授のリーダーシップが成功の鍵となったことは紛れもない事実なのです。

さて、現在も研究の合間にランニングを欠かさない山中教授ですが、じつは彼はもともと武道少年で、中学から大学まで柔道部に所属し、部活動で日々汗を流していました。その中でこんなエピソードがあったそうです。それは高校3年生の大阪府高校柔道選手権大会での出来事。四地区に分かれて戦う団体戦でベスト4に勝ち進みました。けれど準決勝で常勝の

強豪校と対戦し敗退。お互い口がきけないほどクタクタに疲れていました。翌日は個人戦でしたが、出場予定のなかった彼はチームメイトの応援に行かず、ぐったりして家で寝ていたそうです。そうしたら翌日、個人戦の応援に行かなかった部員達は柔道部の顧問の先生に呼び出され、烈火のごとく叱られ、そしてこう言われたそうです。

「友達の応援に来ないなんて考えられへん。お前らが団体戦でがんばったことはどうでもいい。そんなことのために柔道を教えてきたんとちゃう」。

山中教授は、この出来事を「いま思い出しても恥ずかしいことをした」と印象深く憶えています。iPS細胞の発見の陰に存在していた彼のリーダーとしてのチームづくりは、部活動での体験から育まれたものだったのかもしれません。

リーダーシップ研究で著名な心理学者の吉村（2005）は、運動部における主将のリーダーシップを測定する「主将のリーダーシップ尺度」を開発しています。この尺度は、運動部の主将のリーダーシップ行動のあり方について、「技術指導」「人間関係調整」「統率」「圧力」という4つの下位尺度について、20問の質問項目から測定できます。質問項目の内容を見ていくと、吉村によって示されている主将に求められるリーダーシップ行動とは、以下のようなものであることがわかります。

①**技術指導**―部員の技術習得や学習が進むように配慮ができること
②**人間関係調整**―部内の雰囲気が良好なものとして継続できるよう気遣いができること
③**統率**―競技について深い知識を持ち、部全体をまとめるために尽力できること

主将のリーダーシップ尺度（吉村 , 2005）

教　示 あなたが所属している部の主将の指導についておたずねします。次の文を読んで一番よくあてはまると思う数字を１つ選び、○で囲んで下さい。もしあなた自身が主将の場合は、部員からどう思われていると思うか、あてはまると思う数字を○で囲んでください。	たいへんよくあてはまる	あてはまる	ややあてはまる	あまりあてはまらない	あてはまらない	全然あてはまらない
【技術指導】						
・技術やコツを上手に教える	6	5	4	3	2	1
・練習の時は主将が自分からお手本を見せて指導する	6	5	4	3	2	1
・失敗した時等、失敗した人を責めるのではなく技術について注意を与える	6	5	4	3	2	1
・部員みんなができるような計画を立てる	6	5	4	3	2	1
・部の目標を中心となって立てる	6	5	4	3	2	1
・反省したことは次に生かすように指導する	6	5	4	3	2	1
・練習の内容や計画を部員が分かるように教える	6	5	4	3	2	1
【人間関係調整】						
・部員全員が馴染めるような雰囲気を作る努力をしている	6	5	4	3	2	1
・部員の悩みには親切に相談に乗ってくれる	6	5	4	3	2	1
・失敗した時など冗談を言ったりしてみんなを励ます	6	5	4	3	2	1
・よいプレーをしたり、いい結果が出たらほめる	6	5	4	3	2	1
・気まずい雰囲気があると解きほぐす	6	5	4	3	2	1
【統率】						
・部全体をうまくまとめる	6	5	4	3	2	1
・みんなで外出する時は中心になってみんなをまとめる	6	5	4	3	2	1
・競技についてよく知っているし上手だ	6	5	4	3	2	1
【圧力】						
・練習中の服装が部活に相応しくなければ厳しく注意する	6	5	4	3	2	1
・練習に遅れたり黙って休んだら厳しく注意する	6	5	4	3	2	1
・厳しく命令したり注意したりする	6	5	4	3	2	1
・先輩に対する態度を指導する	6	5	4	3	2	1
・練習態度が悪い時には注意する	6	5	4	3	2	1

採点方法
＊各下位尺度に関して、属する項目の評定値を合計し、項目数で割って「項目あたりの平均値」を算出して得点とする

④圧力―部内の決め事や部員の態度についてきちんと注意できること

このように、必ずしも「黙って俺について来い」というスタンスが、運動部で求められるリーダー像ではないことがわかるはずです。

我が国の場合、学校教育の中で中学生・高校生の多くが何らかのかたちで部活動に関わっています。そして運動部では、さらに競技に向けた課題達成という目的が加わるため、仲良しグループとは違った、規則正しさや厳しさが求められるといえます。そして、部活動の中では、体力や技術を向上させるだけでなく、仲間関係や先輩・後輩の上下関係を通して、社会的スキルを習得していくのです。

研究者同士が交流しやすい環境をつくり、結果の出ない実験の繰り返しに落ち込むチームを叱咤激励し、最終的に偉業を成し遂げた山中教授のリーダーとしてのスタンス、それは運動部で求められるリーダー像と驚くほどシンクロしています。研究であれ部活であれ、成果を上げるために求められるリーダーシップはどうやら共通しているようです。

未来を変える。自己暗示のコツ

第60回全日本吹奏楽コンクール（2012）で、九州代表の鹿児島情報高校が見事『金賞』に輝きました。このコンクールは「吹奏楽の甲子園」と呼ばれ、全国の吹奏楽部員が目指す頂点です。この鹿児島情報高校吹奏楽部を率いるのが屋比久勲教諭（74）。〝吹奏楽の神様〟とも呼ばれる屋比久勲先生は、これまで数々の中・高吹奏楽部を指導し、全国大会に出場した回数はなんと30回、そのうち金賞はじつに14回を数えます。屋比久先生が鹿児島情報高校に赴任した2007年以降、吹奏楽部は瞬く間に全国トップクラスへと躍り出たのです。

この輝かしい栄光と最高の演奏をつくり出す屋比久先生の指導方法は、いったいどのようなものなのか関心があるところですが、実際の屋比久先生の指導は、静かに目を閉じ、音に耳を澄ませながら、手拍子でリズムを取ったり、時より優しい語り口調で注意や指摘をしたりするだけ。概観したところ、特別驚くような指導方法ではないという印象です。ただ、この吹奏楽部員は皆、活動の中でよくある決まった言葉を口にしています。その言葉とは、『やります、やれます、やってみせます』。この、一見暗号のようにも聞こえる言葉、じつはこれには重要な意味があるのです。人は何かに挑戦するとき、心の中では「やれるのか？」

と自分自身に疑いを持ちます。しかし、強く「やります、やれます、やってみせます」と断定的に言い切ることで、「なんとしてもやり遂げる」という気持ちが強く働き、弱気な自分を奮い立たせていくのです。これは言葉の力を借りた「自己暗示（autosuggestion）」のひとつといえます。屋比久流指導の神髄は、部員自らが目標に向かっていくような「しかけ」づくりなのかもしれません。

自己暗示に最も適している言葉は、「過去形」で表現することだといわれています。つまり、「もうできた」「勝った」というような形式です。脳は、「こうしたい」という希望的な表現に対しては、そうは言っても「なぜそういえるのか」と懐疑的で否定的な反応を起こしやすい。一方で、過去形で示された言葉は、もうすでに完了した事実として認識され始めるため暗示効果は非常に高くなるのです。

２０１２年のロンドンオリンピック・ボクシング男子ミドル級で金メダルを獲得した村田諒太選手の自宅の冷蔵庫には、「ロンドンオリンピックで金メダルを取りました。ありがとうございました」という過去形で書かれた紙が、オリンピックの2年前から貼り付けられていたといいます。じつはそれを書いたのは、村田選手でなく彼の奥さん。効果的な自己暗示についての知識を持っていた奥さんは、わざと村田選手が日に何度も目にする冷蔵庫に暗示の言葉を貼り、それによって村田選手が意識づけられ、金メダルを取るために必要な行動を取るように働きかけられたのです。この時、村田選手はまだ国際大会で一度も優勝したことがありませんでしたが、毎日冷蔵庫の貼り紙を見ているうちにだんだん金メダルが欲しくなり、オリンピックの1年前の世界選手権で銀メダルを取ってからは、金メダルが夢から明確な目標へと変わっていったというのです。

実際のところ、人は心の中で常に「できる」、「できない」というせめぎ合いをしています。ですから、どうやって自分自身に「できる」と信じ込ませるかが、未来を変えていく重要なポイントといえるのです。

もちろん、鹿児島情報高校吹奏楽部も村田選手も成功を手に入れられた最大の理由は本人のたゆまぬ努力に他なりません。けれど、その努力が最大の効果を生むように誰かに「しかけられた」ものであったとするならば、それはまた違った意味ですごいことに思えます。人は自分が何をすべきかわかると夢を目標に変えていく生き物ですが、誰かと出会い、導かれ、そして夢が目標に変わっていくことも、とても神秘的なことのように思えませんか。

第二章

知覚の不思議。見え方は感じ方

心の老い。得るもの、無くすもの

平成25(2013)年5月1・2日、京都市で実施された剣道八段審査会の受審者は二日間合計で一七二九名と過去最多を更新しました(月刊剣窓6月号、2013)。この審査会における合格者・合格率は16名・0・9%でした。今回の審査会でも合格者はきわめて少なく、剣道八段審査は日本で最も難関な試験の一つであることに間違いはありません。合格者数・合格率(実技審査)を年代別に見ていくと、40歳代―5名(3・2%)、50歳代―6名(0・9%)、60歳代―4名(0・5%)、70歳代―1名(0・6%)という結果です。40歳代・50歳代の若手の合格者が多いものの、60歳代の実技合格者(合格率)が4名(0・5%)、70歳代でも1名(0・6%)の合格者が出ており、この超難関審査の中で年配者の健闘が目立っています。実際、今回の審査会に挑戦している60歳以上の受審者数は九〇〇名で、その受験者数の多さに改めて剣道の奥行きを感じます。

さて、平成25(2013)年5月23日午前9時、冒険家の三浦雄一郎さん(80)がエベレスト(八八四八メートル)の登頂に成功したというニュースが飛び込んできました。80歳でのエベレスト登頂は世界最高齢記録でかつて誰も成し遂げたことのない偉業といえます。三浦氏自身、今回の挑戦にあたって、メタボ体質、不整脈、骨折などの多くの難題を克服し、周到に準備を進めてきました。「80歳でエベレストに登頂する」、それは、ある意味で死の危険と隣りあわせの限界ギリギリの挑戦といえます。三浦氏は著書『冒険の遺伝子は天頂へ』の中で、こんな言葉を残しています。「人は目標を失った時、心の老いが始まる」。人類最高齢で世界の最も高い場所に立ち、壮大な景色を見下ろしながら三浦氏が次に掲げる目標はいったい何でしょう。

　現在、老年心理学の領域では人間の加齢過程で、高齢になるほどに発達していく知的機能があることが明らかにされ注目されています。また同時に「英知（wisdom）」や「熟達（expertise）」についての科学的アプローチも進んできました。老年心理学者の長田（２００６）は、「ヒトの身体的成熟が思春期から20歳前後であるとすれば、成人期のほとんどすべてが老化の過程にあり、老年期は言わば老化の最終段階と位置づけられる。しかし、40歳代・50歳代の人達が社会的に活躍し、60歳代以上でも第一線で仕事をしている人がまれでないことからも、成人期以降が喪失のみの時期であるという認識は正しくない。また、職人芸などと称えられる高度な職業能力を保持している中高年者は、老化による心身機能の衰えとは異なった次元で、それまでに獲得した技能や知識を統合的に用いて課題を遂行している」と述べている。この見解は、剣道人にとっては十分に納得いくことでしょう。なぜなら、若手剣士がどれだけ必死に掛っても、竹刀を身体にかすることさえさせない60歳以上の達人が数多く存在することを誰もが知っているからです。

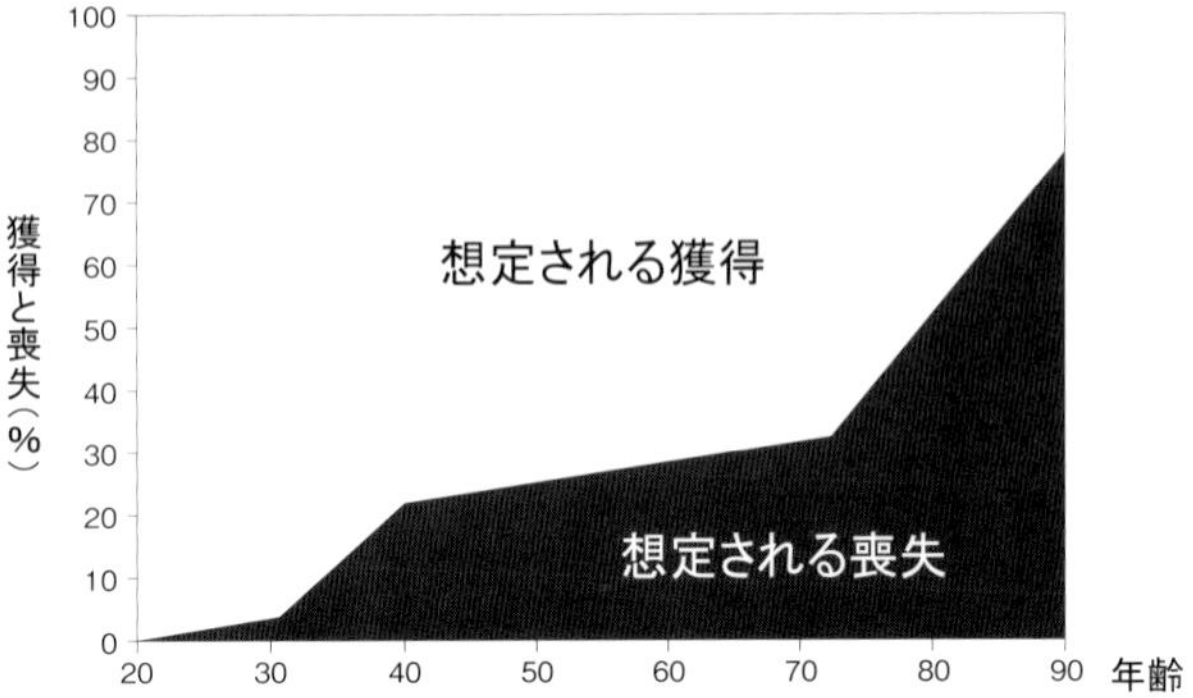

図１　163の心理要因について想定される獲得と喪失と年齢との関係（長田、2006）

さらに、老年心理学者のバルテスら（Baltes & Baltes, 1990）の研究からも、数多くの心理的要因が成人期以降に「獲得される」ことが認められています（図１）。20歳代では獲得する割合はほぼ１００％ですが、60～70歳代でも70％が獲得している部分です。さすがに、90歳になると獲得よりも喪失する割合が多くなりますが、80歳代では獲得と喪失がほぼ半々（およそ50％）といえます。ヒトは加齢過程の中でこれまでの経験を踏まえ不足した部分を補いながら、一方で新たな成長を続けているのです。特に心理的能力については、それが顕著であるといえます。

人間の心の発達は生涯を通じて続いていきます。そして、剣道八段審査に挑戦している「心が老いない人」の発達はこの先も止まることを知らないでしょう。その勢いは八段受審者の数に現れ、そして生涯発達の成果を合格者が証明しています。すなわち、年齢を重ねるということは、喪失・衰退ではなく「成熟」だといえるのです。

二つの刺激が重要。フェイントのメカニズム

剣道の構えを自分で姿見に映した時、しっかり剣先が相手の喉元の高さに付いていると思っていたのに、思いのほか剣先が高いことに気づいたとしましょう。そこで、鏡を見ながら自分が意図する剣先の高さにもっと低く修正します。この時の剣先を低くした「筋の感じ」を繰り返し覚えることで、再び構え直した時も正しい剣先の位置を再現できるようになります。このように、自分の実行した運動を情報として取り入れ、次の運動を修正する手がかりとして利用する働きのことを運動心理学では「フィードバック制御（feedback control)」と呼びます（杉原、１９８２)。

しかし、フィードバック制御の欠点は、知覚してからその情報を運動に反映させるため、刺激を受けてから運動が開始されるまでの時間（反応時間／reaction time）に誤差が生じることです。それは、ピストルの音が鳴ってから瞬時にスタートを切ろうしてもわずかに遅れてしまう、そんな「タイミングのズレ」と考えると理解しやすいでしょう。これを剣道にあてはめると、例えば、相手が面に出てきたのを視覚でとらえ、その刺激情報を処理し、運動反応として即座に返し技を打とうとしても、相手の面のスピードが自分の反応時間を上回

るものであれば、返し技は間に合わず有効打突は生まれません。そればかりか、相手の面の方が有効打突になる場合もあります。これが反応誤差の影響であり、フィードバック制御の限界とも言えるのです。

それでは、速い動きに対してもタイミングが遅れないようにするにはどうすれば良いのでしょう。そこで、考えられることは「行うべき運動を決めて先回りして運動を開始しておくこと」。このような運動の仕組みは「フィードフォワード制御（feedfoward control）」と呼ばれています。ただ問題なのは、フィードフォワード制御はいったん運動プログラムが開始されてしまうと、途中で運動を中止したり修正したりすることが困難なのです。それだけに、予測が正しければタイミングが遅れることもなく、運動は効率的に実行されますが、予測を誤って運動を開始してしまえば、その運動が終了してからでないと新しい運動が始められません。「車は急に止まれない」という言葉がありますが、「運動も急には止まれない」のです。その法則性をうまく利用したものが「フェイント（feint）」です。

サッカーやバスケットボールでは、正面にいるデフェンスを右から抜くと見せかけて左から抜いたり、バレーボールでは強烈なスパイクを打つと見せかけ相手のブロックを跳ばせておいてフワッと落としたりします。剣道においても、相手が面の軌道で打突に入ってきた場合、「面に来た！」と思い面を防御するため手元を上げた瞬間、相手の竹刀の軌道は小手に変化し、見事に小手を打たれたりします。

フェイントは、相手の予測に基づいて運動を起こさせる「第一の刺激（フェイント動作)」と、それに続く「第二の刺激（目的の動き)」から構成されます。じつは、うまくフェイントをかけるには、二つの刺激の「時間間隔」が非常に重要なのです。運動心理学者のシュミット（Schmidt, 1994）は、二つの刺激（動き）の間隔があまりに短くなると（約０・０５秒以下)、相手は二つの刺激を一つの刺激と知覚してしまい、フェイントの効果は無くなることを指摘しています。最も効果的なフェイント動作と目的の動きの間隔は、約０・０６〜０・１秒だといわれ、それ以下だとフェイントには引っかからず、それ以上になると相手の反応の遅れが小さくなるというのです。

　ですから、上手の相手の攻めに即座に反応したつもりが、気が付いた時には反応の裏を取られたり、「溜め」に我慢できずに引き出されてしまったり。この状況はただの偶然ではなく、運動の法則性を巧みに利用して時間（間）をコントロールされた結果であり、運動の仕組みを十分に知る人が成せる技能であるといえるのです！

知覚の不思議。見え方は感じ方

人間の感覚器官（受容器）としての「眼」の見え方には個人差があります。そして、現実の景色が他人にはどのように見えているのか、その見え方の違いを厳密に比較することはきわめて困難です。ですが、ヒトとしての見え方には共通した特徴が存在します。図1のa）b）c）は代表的な錯視の例です。a）の真ん中の黒丸の大きさ、b）の主軸の長さ、c）の横線の平行度は、どれも異なっているように見えますがじつは同一です。これが「錯覚」であり、視覚における錯覚を特に「錯視」と呼んでいます。錯視といっても別に異常な現象ではなく、誰にでもみられる「知覚の法則的な事実」であり、言わばヒトが持つ眼機能としての特徴です。

では次に、見え方と心理的側面との関係に注目して話を進めましょう。幽霊が出るのではないかと怖がっていると、柳の枝を見ても長い髪の女性に見えたりします。つまり、そう思っていると「心がそう見せる」ことがあります。ブルーナーとグッドマン（Bruner & Goodman, 1947）という心理学者が実施したニュールック心理学（社会的知覚の研究）の実験に、以下のようなものがあります。経済状態の異なる2つの群を対象とし、それぞれの群にコイン（貨幣）を見せてその大きさを知覚判断させせました。その結果、裕福な群はコインのサイズを小さく認識し、経済的に困窮している群はコインを大きく認識したというのです。お金の価値に対する欲求の強さがコインの大きさへの認識を変化させたといえます。すなわち、この実験はものの見え方（知覚）に及ぼす内的要因の重要性を明らかにしたものだったのです。

では、今度は図2を見て下さい。a)の上段のアルファベットを左から読んでみて下さい。きっと「A・B・C」と読むはずです。それでは同様に下段の数字も左から読んでみて下さい。これは「12・13・14」と読めたのではないでしょうか。しかし、よく見ると上段のBと下段の13は同じ形なのです。さらに、b)のアルファベットはどのように読めるでしょう？ほとんどの方が迷わず「THE CAT」と読むのでは？　傍らに可愛らしい猫のイラストでもあろうものなら、確実に「THE CAT」ですね。けれど、よく見るとTHEの「H」とCATの「A」は同じ形であることに気づくでしょう。じつは、私たちの知覚・認知とは、無意識のうちにその文字（刺激）情報だけでなく、それ以外の前後関係や連続性から影響を受け、自分で納得しやすいように解釈しているのです。これを心理学では「文脈効果（context effect）」と呼んでいます。

すごい勢いで攻め込んでくる相手がとても大男に見えたり、対戦チームがすごい実績を持つと知った途端、相手がやけに強そうに見えてきたり、誰しもこんな経験を持ったことがあるのではないでしょうか。

つまり、我々は心理的な動揺や思い込みによって、相手に対して自らが知覚イメージをつ

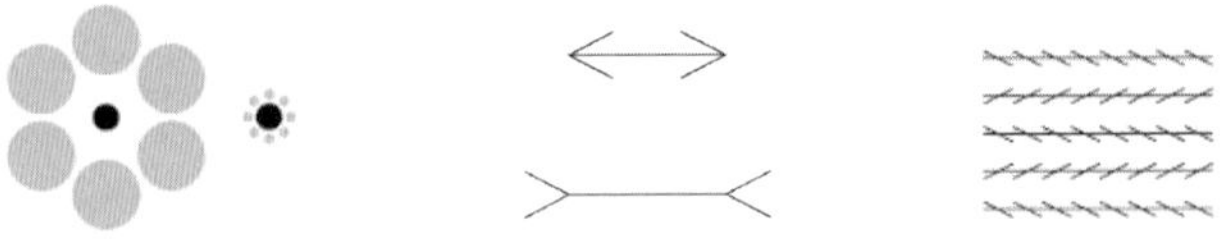

a)エビングハウス錯視
中央の円は同じ大きさだが、周囲のいくつかの円によって大きさが異なって見える

b)ミュラー・リアーの錯視
矢羽が外開きか内開きかによって、主軸の長さが異なって見える

c)ツェルナーの錯視
斜めの細かい線分によって、中央の平行線が、平行に見えない

図1　様々な錯視

a)アルファベットと数字
アルファベットの「B」と数字の「13」に注目

b)ネコとアルファベット
アルファベットの「H」と「A」は同じ形

図2　知覚・認知に及ぼす文脈効果

くり、それによって見え方まで変化させてしまうのです。ですから、「見え方とは感じ方」だとも言い換えられます。

　以前私は、剣道の有名選手達に「打突の機会がどんなふうに見えるのか」について調査したことがあります。その回答はとてもユニークで、例えば「ロックオン・イメージ」。これは戦闘機が照準の中にターゲット（目標物）を絞り、ロックオンしてミサイルを撃つように、相手の技の起こりを瞬時にロックオンして打突するイメージ。また別の選手は、サイボーグの眼のように相手の詳細情報を計算・数値化し、弱点を探る。その情報を基に攻撃を組み立てていく「サイボーグ・イメージ」だったり。多少、話におもしろさが盛られている感はありますが、名選手にはそれぞれ独特の視覚イメージがあるようです。

　相手には面の向こうからいったい自分がどんなふうに見えているのでしょう。見え方の主体を自分から相手へ転換すると、相手の眼には自分がどう映っているか、ちょっと気になるところですね。

スキーマ理論。運動の多様性が重要

一般的に運動の練習をする場合には、同じ動きを何度も繰り返す「一定練習（constant practice）」が多いのではないでしょうか。例えば、サッカーのシュートであれば、同じ位置から同じ蹴り方で繰り返しシュート練習を行うことであり、剣道であれば、一足一刀の間合から何度も打突を繰り返す練習が一定練習にあたるでしょう。しかし、心理学者のシュミット（Schmidt, 1975）は、一定練習よりもっと効率的な練習方法が存在することを実験的に見出しました。それは、運動を様々に変化させて行う「多様性練習（variable practice）」というやり方です。

シュミットは、仮に20メートル先の的にボールを当てることを課題とした場合、20メートルの距離からだけ的に当てる練習（一定練習）をするよりも、的の周辺のいろいろな距離（10メートル・15メートル、20メートルなど）から投げる練習（多様性練習）の方が、明らかに正確性が高まることを実証したのです。そして、この運動メカニズムには、「スキーマ（schema）」が強く関与していることを指摘しました。スキーマとは、「このように運動するとこんな感じで身体が動き、その結果こうなるという基準化された運動イメージ」のことで、運動をスムースで正確に実行するために非常に重要な働きをします。投動作であれば「これくらいの力で、これだけの距離ボールが飛ぶ」という「力加減と距離のルール」がスキーマで、人はこのスキーマを基にして、今度は「さらに遠くに投げるから力を入れて」とか、「近い距離だからもっと力を抜いて」など、微妙な調整を行っているのです。つまり、シュミットの「スキーマ理論（schema theory）」のポイントは、「同じ運動をたくさん経験するより、変化のある運動をした方がスキーマは形成されやすく、多くのスキーマを獲得することで運動の正確性を高めることができる」ということなのです。

ですから、多様なスキーマ形成を意識した具体的な練習方法とは、「シュートであれば距離や位置や蹴り方を変える、投球やサーブであればねらう位置や球速・球種を変える、パスであれば出す方向やタイミングを変える」などが考えられます（杉原、２００３）。さらに、多様性練習によって基準課題の学習効果が高まるだけでなく、よく似た課題を行う場合も非常に有利になるといえるのです。

シュミットのスキーマ理論に端を発して、その後も多くの研究が継続され多様性練習の効果が支持されていますが、一方で同じ動作を何度も繰り返す一定練習の特徴も明確になっています。それは、練習内で上達を実感させたい場合など「一過性の効果」には優れていることと。したがって、初心者や学習初期段階で、学習者に達成感を与え、やる気を喚起させたい場合には、最初の期間は一定練習を行い、徐々に多様性練習に移行していくなどの方法も考えられるでしょう。けれど、一時的なパフォーマンスの向上ではなく持続的な学習効果を考える場合には、やはり多様性練習が優れているようです。

名剣士といわれる人は、近間・中間・遠間など、どんな距離からでも正確に打突を出すことができます。さらに打突の軌道やタイミングにも変化をつけることができるのは、それだけ数多くのスキーマを持っているからだと考えられます。

すなわち、剣道において一足一刀の距離から打突の精度を高めたいのならば、一足一刀の距離だけで打ち込み練習を繰り返すだけでなく、遠間・中間・近間など異なった距離においても打ち込み練習を行うことで、より多くのスキーマ形成を図り、その上で、あえて一足一刀の距離で立ち合うことが打突の正確性を向上させることにつながるといえます。

目的と目標。アドラーに学ぶ人生観

県の武道館で平日の夕方に毎日実施されている稽古会があります。私もときどき参加させて頂きますが、様々な職種の剣士がそれぞれの目標を持って一生懸命に稽古を実践されています。稽古が始まる前から鏡の前で丹念に素振りをされている方、一番に面を着けて八段の先生に懸かられる方、仕事を切り上げ稽古の始まりに飛び込んで来られる方、稽古に臨む様態も人それぞれです。きっと、誰もが自分の目標を持って稽古に励んでいるのでしょう。

その中に、いつもお姿を拝見する高齢の先生がおられます。ある時私は先生に直接お尋ねしてみました。「失礼ですが、先生は毎日稽古にいらっしゃるのですか?」「はい、そうですよ」やわらかなトーンで答えて下さいました。「この生活をどれくらい続けておられるのですか?」「さて、どれぐらいになるでしょうね、50年は超えていますかね」「50年ですか!」「先生が稽古を続けられる目的は何でしょうか?」「目的ねえ…、稽古が終わらんと一日が終わらんからね」先生は優しく微笑まれました。

人間のすべての行動には「原因」があると考える一般的な心理学の見方(原因論)に対して、オーストリアの精神科医・アルフレッド・アドラー(A. Adler)が体系化したアドラー心理学（Adlerian Psychology）では、人間のすべての行動には「目的」があって、人はそれに向かって生きていくという考え方（目的論）を示しています。そして、人間はすべて個人の「こうなりたい」という目標に向かって行動するもの（人生の目標追求性）で、個人特有の目的追求のクセが「ライフスタイル」。さらに、個人の目標もライフスタイルも決められたものでなく、個人の決断によって変えることができます。ちょうど山頂に登るのに様々なルートがあるように、人生の目標に向かう道筋にも色々なルートがあり、どのルートを選ぶかはその本人が決定することで選択の自由が認められているのです（やわらかい決定論）。人の心を探究する心理学という学問領域であっても、心へのアプローチの方法論や考え方は一つではありません。

ある小学校の理科の試験問題に「氷が溶けると何になる?」という問題が出題されました。当然解答は「水になる」でしたが、子どもの中に「氷が溶けると春になる」と解答した子がいたそうです。残念ながら試験としては誤りですが、豊かな子どもの発想に◎をあげたくなります。また、国際政治学者は、「氷が溶けると平和になる」と答えました。彼の頭には国家間の対立が終結し、平和が訪れる様子がイメージされたのでしょう。なるほど、これも正解な気がします。

つまり、問いの答えとは必ずしも一つとは限らないのです。

「何のために剣道をするのか」

その目的や目標は、試合に勝つため、昇段するため、自分を高めるため、美味しいビール

を飲むため、ダイエット等々、人はそれぞれその時々に目的を持ちながら剣道に携わっています。けれど、アドラー心理学の「やわらかい決定論」と同様に、たとえどのルートを通ろうが、どうルートを変えようが、最終的に剣道の理念である「人間形成の道」という目標に辿り着くならば、その過程は自由でいいのではないでしょうか。そして、先輩剣士の剣道とのかかわりから気づくことは、様々な過程を通りながら、最終的に剣道をすることが目標になった時、まさに「剣道に辿りつく時」なのかもしれません。それがいつ訪れるか今は想像できませんが、明らかなことは、剣道にはすべての目的や目標を受け入れるだけの大きな器があるということです。

　さて、剣道仲間の中に、「氷が溶けるとまずくなる」と答えた者がいました。どうも、彼にはグラスの中でお酒が薄まっていく様子がイメージされたようです。この答えも正解かも？　でも「春になる」と同列にするのはあまりに申し訳ない気がします。

傷つきたくない。セルフ・ハンディキャッピング

試験の時、「ぜんぜん勉強してこなかったぁ」と毎回言う人がいます。これには、テストの点数が悪かった時のために前もって理由を用意している場合が含まれています。人は自分にとってハンディキャップがあることをわざわざ他者に主張したり、自らにハンディキャップをつくり出したりすることで、自分の能力が低いことを隠そうとすることがあります。そして、それによって自尊心を保ち、傷つくことを防衛しているのです。心理学では、このような行為を「セルフ・ハンディキャッピング（self-handicapping）」（以下ＳＨＣ）と呼んでいます（Jones & Berglas,1978）。

バーグラスとジョーンズ（Berglas & Jones, 1978）という心理学者がこんな実験を行いました。

「これからちょっと難しい課題をしてもらいます」という教示の後、続けて「その前にこの二つの薬のうちどちらかを飲んでもらいます」と二種類の薬を選ばせます。ひとつは、『一時的に能力を高くする薬』、もうひとつは、『一時的に能力を低くする薬』と説明します。でも、実際それは偽りで、二種類の薬はどちらもただの水なのです。注目すべきは、このとき

課題に自信のない人ほど、能力を低くする薬を選ぶことが多かったという事実。でもなぜ？　その理由は簡単。「失敗しても薬のせいにできるから」です。しかし、人はなぜＳＨＣのような行為をするのでしょう？　それは、「結果がどちらに転んでも結局は自分にとって得になるから」なのです。つまり、失敗した時には、「準備する時間がなかったから」とか「体調が悪かったから」などの言い訳が準備されていますし、成功した時には、「たとえ準備が不十分でも、体調が悪くても、それでもうまくできる俺ってすごい！」と自尊心を高めることができるからです。話の続きがまだあります。じつは、ＳＨＣをする人は、しない人に比べて成功の確率が低くなることがわかっています。それは、「どうせ失敗しても言い訳ができるから…」この偏った思考の習慣化により、一生懸命に努力しようとする気持ちが欠如していくからなのです。

たしかに人間誰しも「傷つきたくない」「能力が低いことを認めたくない」と考えます。けれど、これが過度に強まることで行動にまで影響を与えてしまうのです。スポーツ場面では、あえて練習で手を抜く、困難な課題を選択しようとしない、体調不良やケガの訴え、観衆や審判による妨害の訴えなどもＳＨＣにあたります。ＳＨＣは自信のない人や不安の高い人にみられる傾向ですが、スポーツの動機づけ（やる気）やチーム力にとっては決して好ましいものではありません。挑戦的な課題に全力でチャレンジすることで、選手は自分の現在の実力を明確にしていきます。けれど、失敗を恐れあえて全力で練習や試合に取り組まない場合、ある程度自尊心は守られるかもしれませんが、コーチやチームメイトからの不信感をまねき、強い叱責や非難も避けられないでしょう。

では、SHCを減少させる手立てはあるのでしょうか。新谷ら（2007）によると、進歩や上達を目的とする「課題目標」を持つ人は、能力を誇示し低い能力を隠すことを目的とする「自我目標」を持つ人よりも、SHCを用いないというのです。つまり、「もっとうまくなりたい」という純粋な課題目標こそが、単に自尊心を守りたいという「とらわれ」から自分を開放し、失敗の脅威を緩和することができるのです。所詮、努力のない成功によって、成長はないということですね。

苦手を克服する。プリマックの原理

個人あるいはチームにおいて、どんな練習内容が必要なのか、選手や指導者はよく考えます。けれど、その練習メニューの組み立て方が選手の心理にどのように影響を与えるかまではあまり考えていないのではないでしょうか。今回は、「練習メニューの組み立て方」に焦点をあてて話を進めていきます。

人間の行動面を徹底的に観察することで人間がとる行動法則を見出すことを目的としているのが「行動分析学」という学問領域です。行動分析学の中に「プリマックの原理(Premack Principle)」というものがあります(Premack, 1962, 1965)。この原理は、心理学者のプリマックによって実験的に確認された行動法則で、「生起性の高い行動(よくすること・好きなこと)を効果的に用いることで、生起性の低い行動(あまりしないこと・嫌いなこと)を強化することができる」というものです。

例えば、遊んでばかりいてちっとも勉強をしない子に勉強をさせる場合、「遊んで帰ってきてから、勉強をしなさい」ではなく、「勉強したら、遊びに行っていいよ」の方が効果的であるということです。つまり、自分がやりたい行動を後回しにして、できればやりたくない行動を先にさせることで、やりたい行動がやりたくない行動が終わった後の報酬（生の強化）となって機能するわけです。この原理は、今では育児、勉強、禁煙、運動など幅広く様々な場面に用いられ、スポーツの領域にも応用されています。プロスポーツの練習では、基礎練習などの単調で苦しい練習メニューを序盤に実施し、中盤から後半にかけて比較的動きがありゲーム性の高い応用練習を行うように練習が組まれています（「苦手な練習→得意な練習」）。つまり、「嫌いな練習」の後に「好きな練習」を入れることで、「この練習が終われば好きな練習に入れる」とやる気が増加し、頑張りが利くのです。また、自分の得意で好きな練習で終われることで、「ようし、明日もしっかり練習するぞ」と気分も前向きになるはずです。

しかし、「プリマックの原理」も意識の低い選手にはうまく機能しない場合があります。それは、練習のはじめに嫌いなメニューが組まれていることを知っているため、練習に取り組む前から意欲を低下させてしまうのです。

「やらないと強くならないのはわかっているけど、最初からきつい練習は嫌だなぁ」というように…。

そこで、プリマックの原理をアレンジした使い方も考案されています。メンタルトレーナーの高畑（2010）によれば、まずは、得意で好きな練習から始め、練習に臨む意欲を高め、気分を乗せてから苦手で嫌いな練習を行い、さらに得意で好きな練習で締めくくるというやり方（「得意な練習→苦手な練習→得意な練習」）が有効であると紹介しています。

　また、剣道のような対人競技であれば、個人によって得意・不得意な練習も異なってきますから、いくつかのグループに分けたり、稽古の中である程度自由練習の時間をつくったりすることも有効でしょう。日々の練習メニューの組み方ひとつでも、理論を基に応用することで練習の質と効率が変わります。その違いは短期間ではあまり気づきませんが、長いスパンでみると大きな実力の差へと変化していくのです。是非この機会に、チームの中で稽古内容の吟味と同時に「メニューの組み立て方」も考えてみたらどうでしょう。

　どれだけ美味しいディナーコースであっても、出される料理の順番が間違っていたら魅力的ではなくなります。「デザートのケーキの後に、突然ご飯と味噌汁が出てきたら…」考えただけで食欲がなくなりますね（苦笑）。練習にせよ、料理にせよ、メニューの組み立て方は、内容をより引き立たせるための重要なエッセンスといえます。

色彩心理学。色で好結果が出る？

２００９年にベルリンで開催された第12回世界陸上100メートル種目で、ウサイン・ボルト選手が９・58秒の世界記録を出した瞬間、今でも印象深く記憶されています。ところで、このトラックにはある仕掛けが施されてあったといいます。さて、それはいったい何か…？

答えは「色」。これまで、トラックの色は赤茶色（レンガ色）が一般的でしたが、このトラックは、鮮やかな「青」に塗られていました。これには、色彩心理学のノウハウが活かされています。

「青」という色には、人の心を落ち着かせ、集中力を高める効果があります。これを陸上トラックに用いることで、選手はリラックスして走ることができると考えられたのです。さらに、青色は赤茶色に比べ熱の吸収も低いので、選手がトラック上で感じる暑さによるストレスも軽減されます。

卓球台の色も以前は深く濃い緑色でしたが、現在販売されている卓球台のほとんどが「青色」に代わっています。これにも理由があったのです。最も打ちやすい卓球台の色を模索した卓球界は、有名卓球選手を招集し、様々な色を試した結果、最も注視性が高まり視線のぶれが少なかった青色を新たな卓球台の色に採用し、１９８９年からオレンジイエローのピンポンと共に導入し始めたのです。

また、元プロ野球選手で「ミスタースワローズ」とも呼ばれた名捕手古田敦也選手も、あえて青色のキャッチャーミットを使用してピッチャーの集中力とコントロールを向上させようとしました。どれも「青」という色の持つ特性に着目した取り組みといえます。

他方、アメリカンフットボールでは、「赤」の持つ色の特性を利用し、より戦略的に選手のパフォーマンスの向上に繋げようとしています。赤色には、交感神経を刺激し、アドレナリンを分泌させ、やる気と闘争心を高める効果があるといわれています。そこで、ロッカールームの壁からフィールドに向かう通路に至るまで、一面を真っ赤に塗り試合に臨む選手達のテンションを上げるわけです。一方で、アウェーの相手チーム側は、水色などの落ち着いた色に塗られていることがあります。きっと相手チームのテンションが上がらないような意図があるのでしょう。このように、人間の心理と色は決して無関係なものではないことがよくわかります。

それでは、剣道においてはどうでしょう。剣道では他のスポーツほど色の選択の自由度はないにせよ、色がもたらす印象形成は無視できません。例えば、全日本レベルの試合や高段者の審査会をみると、剣道具の色が非常に濃いことに気づくでしょう。色あせした剣道着や白っぽくなった防具を着けている人は、ほとんど見あたりません。「黒」とは、威厳や風格、重厚感を表現する色ですから、色の濃い剣道具を身に付け立ち会うことは、堂々とした風格

と落ち着いた印象の形成に繋がります。もちろん、試合や審査の際には、できるだけ新しく綺麗なものを身につけることがそれらに臨む気持ちの表れでもありますが、身に付ける剣道具の色が剣道の印象や見栄えにも影響することは否定できません。

私の友人の外国人剣士が剣道を始めたきっかけには、「白」が関係していました。何気なくのぞいた道場で始めて出会ったのは、「白い剣道着姿の女性剣士」だったそうです。彼はその美しさに感動し、剣道の魅力に引き込まれ、剣道を始めることを決意したそうです。白とは、清潔感や上品さ、永遠をイメージさせる色ですから、きっと武道が持つ凜とした印象がさらに強調されたのでしょう。

身につける道具や環境の「色」が気分やパフォーマンスにどのように影響するのか、とても興味があるところです。今後ぜひ取り組んでみたい研究テーマのひとつです。

正しく伝える技術。メラビアンの法則

２０１４年のソチ五輪ジャンプ女子ノーマルヒルの高梨沙羅選手。２０１３／２０１４シーズンのワールドカップで、ここまで全13戦中、優勝10回、２位２回、３位１回とすべて表彰台に上がっていましたが、ソチ五輪ではまさかの第４位。金メダルどころか、どの色のメダルにも手が届きませんでした。

失意の高梨選手を前に、試合後のインタビューを担当したのがＮＨＫの工藤三郎アナウンサー。この工藤アナの高梨選手へのインタビューがネット上で大きな話題を呼びました。

インタビューは、特別具体的なことを聞くでもなく「どうですか？ 初めてのオリンピックが終わって」やわらかく、ゆっくりとした口調で始まりました。「今まで支えて下さった皆さんに感謝の気持ちを伝えるためにこの場所に来たので、そこでいい結果が出せなかったのがすごく残念です」と必死に涙をこらえて答える高梨選手。今にも大粒の涙がこぼれ落ちそうです。そしてインタビューの最後、「よくがんばりましたね、ありがとうございました」。工藤アナはこう締め括ったのでした。

高梨選手はただ黙って頷いていました。この二人のやりとりは「やさしすぎて泣けた」

「愛がある」「選手を気遣ったすごく丁寧なインタビュー」など、高梨選手の心情に配慮した工藤アナを賞賛する声であふれました。

工藤アナは、1988年のカルガリー五輪を最初に13回の五輪放送を担当してきたベテランのインタビュアー。本来インタビューは、予め用意された原稿に基づいた形式的なものが多いのですが、工藤アナの場合、言葉選びのうまさはもとより、加えて話し手の今の心情に寄り添いながら、口調、態度、間の取り方などの非言語的な部分を強調するのが特徴です。これが話し手の心に響き本音を引き出し、その結果、多くの人を感動させるインタビューを生み出しています。

また、数多くのインタビューを手がけてきたエッセイスト阿川佐和子さんの著書『聞く力』が150万部のミリオンセールスを記録しています。この本では元々人の話を聞くのが苦手だった阿川さんが、20年間の試行錯誤の中で様々なノウハウを身につけ、「聞く達人」に至るまでの具体的方法論を紹介しています。その中に「なぐさめの言葉は二秒後に」という項目があります。具体的には以下のような内容。「私、すごく太ったでしょう」という言葉を受けて、「いいえ、太っていません」。あまりに間髪入れない反応は、「太ったな」と思った気配を察知されたくないため即座に否定しかたのように見える。

一方、「私、すごく太ったでしょう」の後にずいぶん間があると、反応が遅い分だけ今度はなんと答えたらいいか言葉に迷ったように見える。実験の結果、ちょうどいいのは「2秒」だというのです(笑)。阿川さん曰く、大切なのは返す言葉の種類ではなく、その時の言

い方や表情、動作。言う時のスピードやトーン。それらを総合して、相手が「本心で自分をなぐさめてくれているんだな」とわかればそれでいいというのです。この本でも非言語的コミュニケーションの重要性が指摘されています。

心理学者のアルバート・メラビアン（Albert Mehrabian）は、「メラビアンの法則」（1971）の中で、「言語的コミュニケーション（verbal communication）―言葉」の内容を正確かつ効果的に伝達するためには、相手に好意・信頼・敬意を抱かせる「非言語的コミュニケーション（non-verbal communication）―表情・口調・態度・ボディランゲージ・外見」が相補的な役割を果たすと述べています。つまり、言葉を正しくきちんと伝えるには、「言葉以外の要素」がとても重要だったのです！

浅田真央のソチ五輪。自己と他者、内容と結果

銀盤の中心には、笑顔で大粒の涙を流す浅田真央選手の姿がありました。バンクーバー五輪の銀メダルから4年、ソチ五輪での金メダルが期待された浅田選手でしたが、ショートプログラム（SP）の失敗が響いて、最終順位は6位と残念ながらメダル獲得には至りませんでした。

フィギュアスケート女子シングル初日、SPに挑んだ浅田選手。最初のジャンプ、彼女の代名詞でもあるトリプルアクセルで転倒、その後もジャンプの回転不足やコンビネーションが抜けるなど、今まで経験したことのないミスを連発し、順位はまさかの16位。「自分でも終わってみて…まだ何もわからないです」SP直後に呆然とした表情でコメントした浅田選手。多方面から浅田選手のメンタル面の不安定さが指摘されました。この連続ミスの原因が身体的要因なのか、技術的要因なのか、やはり心理的要因なのか、その原因の特定は容易ではありません。しかし、浅田選手自身が「心と身体がバラバラだった」と振り返っていることや、二日目のフリースケーティング（FS）では前日のSPとは打って変わり、6種類の3回転ジャンプを8回すべて成功させ、142・71点という自己ベストを出したことを総

括すると、ＳＰでの連続ミスとメンタル面の関連性は否定できません。けれど、競技においてこのようなアクシデントは十分に起こり得ることで、それだけに、本番で「当たり前のことが当たり前にできる」ことは、じつはハイレベルな課題なのです。

ＳＰを終えた夜、さすがに彼女は眠れなかったようです。「どうしよう、取り返しのつかない失敗をしてしまった」と失意にくれる浅田選手。ですが、この「どうしよう」は、じつは自分自身に向けられたものでなく、周囲の期待に応えられなかったことに対する「どうしよう」のように感じられます。臨床スポーツ心理学の知見から、競技者は競技での主体が、「自己のために」から「他者のために」に移ることで、心理的な偏りが生まれ、さらに競技の目標を内容（パフォーマンス）ではなく、結果（勝敗）に求めてしまうことで、かえって結果に結びつかないという「ねじれ現象」を生むことがわかっています（中込ら、１９９４）。これまで浅田選手が目指してきた目標は、「最高の演技をしたい」「すべてのジャンプを完璧に跳びたい」という具体的な内容だったはず。それが今回、周囲の金メダルを期待する声に応えようとするあまり、結果（金メダル）が目標になり、それが歪みとなって演技に影響を与えたのかもしれません。競技とは、本来「自分のため」にするもの。自分の目標達成のために力が注がれ、その内容に結果がついてくる。その結果を喜んでくれる他者がいることは幸せなこと。けれど、その関係性が逆転してしまうとパフォーマンスが低下するのです。

浅田選手は、２０１０年くらいから大きなスランプに陥りながらも地道に努力を重ね、苦しい時期を乗り越えてきました。その間、21歳で最愛の母を亡くすという悲痛な出来事にも遭遇しています。そんな状況でも競技者としての意志を貫く姿は、母の葬儀の翌日には練習を再開したことにもよく現れています。そこまでして辿りついたソチ五輪の舞台、彼女がメダリストになれなかったことは残念ですが、あのFS直後に流した涙が、自分自身の目標を達成した満足感であったことをとてもうれしく思います。

これまで、多くのメダリストが人々に感動を与えてきました。

けれど、メダリストにならずとも、これだけ多くの人々を魅了したアスリートも記憶にありません。生前、彼女のお母さんが、「真央には金メダルを取ることよりも多くの人に愛されるスケーターになって欲しい」と願ったことは、十分達成されたのではないでしょうか。浅田選手のソチ五輪、記録より記憶に残った大会になったことはたしかなようです。

第三章

没頭、集中。ゾーンをひも解く

チョーキングって？　内的刺激と外的刺激

「チョーキング（choking）」という言葉をご存じでしょうか？ チョーキングとは直訳すると、〝息が詰まる〟、〝窒息する〟というような意味で、「不安を感じ息苦しくなる精神状態」を表しています。スポーツ心理学者のナイデファとセーガルは、「競技選手が自分のパフォーマンスが徐々に低下していると思われる時や、自身のパフォーマンスに対しコントロールを取り戻せないと思われるときに、チョーキングに陥る」と述べています（Nideffer & Sagal, 2001）。

それでは、競技場面で選手のパフォーマンスを大きく低下させるチョーキングとは、いったいどのような要因によって引き起こされるのでしょう。これには、「内的刺激」と「外的刺激」という二つの刺激が強く影響しているといわれています（Wang et al., 2003）。内的刺激とは、「もし勝てなかったらどうしよう」とか「相手は自分よりきっと強い」のような否定的でネガティブな思考のことで自分の内部から刺激が生まれます。内的刺激が生じると、恐怖を感じ、集中力が低下し、筋は緊張し、疲労は高まり、心拍数や呼吸数も増加します。そして制御機能のバランスを失い、うまくタイミングが掴めなくなるのです。一方、外的刺激とは、様々な環境的要因のことで自分の外部から刺激が生まれます。試合場の騒音やコーチ・審判などの反応が気になり、注意力は競技とは無関係の方向に向かい、脳からは不適切な命令が出され、それによってパフォーマンスが低下します。つまり、選手が土壇場で最高のパフォーマンス（ピークパフォーマンス）を出すためには、身体的トレーニングや技術練習を継続するだけなく、効率的に内的・外的刺激に対処し、コントロール性を高めなければならないことがわかるでしょう。

そこで、内的・外的刺激に邪魔されないようにするための心理的トレーニングとして、①セルフトークと認知的再構築、②メンタルイメージ、③集中力トレーニングが推奨されています。

①セルフトークと認知的再構築—セルフトークは自分自身とコミュニケーションする手段といえます。自らにポジティブな言葉で語りかけ励ますことで試合に対する自信と興奮を増大させることができます。また、筋はリラックスしているが精神的に集中できているという理想的な状態になるための「きっかけ」としてセルフトークが機能します。けれど、もともと強い緊張を伴う競技場面では、ネガティブな思考がポジティブな思考よりも生まれやすく、それだけにネガティブな思考をポジティブな思考へと書き換える（再合理化）認知的再構築が必要なのです。

②メンタルイメージ—試合前・試合中の精神的準備をする中で最も重要なテクニックともいわれます。人はとかく初めてのことに不安を感じるものですから、なるべく普段の練習の

中で、試合と同じ条件を設定し、試合の場面を繰り返し映像化しながら、イメージ上で何度もシミュレーションすることで、本番に余裕を持って臨むことができます。

③集中力トレーニング―まずは自分の行っている競技には、どのような種類の集中力が必要なのかを分析することから始め、その後、無関係なことに対する意識を必要な意識の集中に置き換える技術を習得します。予期せぬ状況に直面することを前提として、予期しなかった事態からできるだけ早く回復するための具体的方法を体得することが求められます。それは、緊張状態の高低に対処するために筋弛緩法や呼吸法などを用い、状況に応じてリラックスや興奮をコントロールできる能力を身に付けるということです。少なくとも試合場でチョーキングに至ってから「さあ、どうしようか」では、せっかくのチャンスを失ってしまいます。「稽古は試合のように、試合は稽古のように」その普段からの心がけがピークパフォーマンスに到達する瞬間をつくるのです。

葉隠に学ぶ。ここ一番の心持ち

江戸時代中期に肥前国鍋島藩士・山本常朝が「武士の心得」について口述した書物に『葉隠（はがくれ）』があります。葉隠は、「鍋島論語」とも呼ばれ、永らく鍋島藩士の間で尊重されてきました。その中でも「武士道と云ふは死ぬ事と見付けたり」という一節が有名で、それはときに「武士道とは死ぬ事」と誤解される場合がありました。しかし、実際に読み深めていくと、その意図はもっと違う所に存在することがわかります。

まず、ここでいう「武士道」とは、武闘だけを意味しているのではなく、主君への「奉公」や「日々の勤め」も含まれ、「死ぬ事」は、実際に命を絶つことではなく、「心の持ち様」を示しています。つまり、「武士とは、いざとなったら死ぬ覚悟を持ち、日々精進し事にあたれ」というのがその一節の本質と考えられます。

葉隠の内容は、組織の中での人心掌握術、リーダーとしての心構え、酒席での振る舞い、子育てのポイント、恋愛哲学に至るまで多岐にわたり、現代にもそのまま生かされる処世訓や方法論が多く含まれています。ですから、葉隠とは単なる武の書ではなく、武士の人間としての心持ちを説いた「作法の書」といえるでしょう。

また、葉隠では「緻密な準備の重要性」が強調されています。「翌日のことは、前の晩より考えて、書きとめておくのがよい。これも、万事人に先んじるための心得である。どこかへ約束があって出かける時は、前の晩より、先方のことをよく調べ、あいさつの言葉から、その場のことまで考えておきたい」（青木、２００８）。このように、どんな些細な事項においても準備を怠らないことが肝心だと、様々な例を挙げながら述べられています。

さらに、葉隠にはこんなくだりもあります。「大変な困難や大変なできごとに出会ったとき、気が動転しないというくらいでは、まだまだである。こうしたことに出会ったならば、歓喜し、踊り勇んで進むべきである」。武士であれば、困難で大変な課題に直面した時が日頃の修錬の成果を発揮する大チャンス。こんな時、恐れ、尻込みするようでは武士としては役に立ちません。ピンチの時にこそ、喜び、楽しむべきだということが説かれています。それは、「困難が人の成長を促す」ものだからです。

この教えは、武道やスポーツにも共通しています。認知の枠組（フレーム）を変換することを、心理学では「リフレーミング（reframing）」と呼びます。「ピンチはチャンスだ」「これで自分はもっと強くなれる」など、人は困難な状況に陥った時、リフレーミングによって思考をプラスに変換させることで、状況を改善することができます。すなわち、困難な状況でどんな考え方ができるか、それによってその人の能力が拡大されるわけです。そういう意味では、「困難が人を成長させる」といえるでしょう。

こうしている間にも人生は刻々と死に近づいています。つまり、我々は死ぬために生きているという矛盾にも似た状況の中で日々を過ごしているわけです。葉隠とは、「いかに死ぬべきか」を問いながら「いかに生きるべきか」を説いた「生きるための哲学書」。３００年も前に書かれたこの「武士の心得」、改めて、先人達が残し伝えてきたものの的確さと奥深さに感服するばかりです。

現代に暮らす我々には、命を懸けるようなシチュエーションはなかなか存在しませんが、剣道人としては、日頃の稽古への取り組み、試合・審査での心持ちにおいて、葉隠武士の目指した志で挑みたいものです。

「今日が人生最後の日だと思って生きる！　だからビールをもう１本！」私の決意にも妻は冷たい反応。軽く一蹴されてしまいました（苦笑）。

しなやかさとなめらかさの秘密

達人といわれる剣士の動きから気付かされることがあります。それは、一連の動きがよどみなく流れるようにスムーズであること。上半身の腕使いはムチのようにしなやかで「ここぞ」という時にだけ「きゅっ」と力が入る。下半身は前後・左右どちらに動いても「ぶれ」がありません。まるで、床の上を浮遊しているかのようななめらかな動きから一瞬にして力強く躍動的な動きに変わります。この「しなやか」で「なめらか」な動きは、いったいどのような運動の仕組みから成り立っているのでしょう。

運動学では、「しなやか」で「なめらか」な動きをつくるポイントを「緊張と緊解の交替」という言葉で表します（Meinel, 1981）。それは、運動局面が切り替わる際の力の入れ方と切り替えのスムーズさにありました。そして、スムーズな切り替えのポイントとなるのは「運動リズム」なのです。ここでいう運動リズムとは、メトロノームが刻むような一定のリズムではなく、緊張と弛緩のリズミカルな切り替わり（緊張と緊解の周期的交替）のことで、運動リズムが失われるとリズムカルな緊張交替は遮断され、「ロボット」のような「緊張しっぱなし」の動きに陥るわけです。

つまり、運動学で示される運動リズムとは、剣道でいえば「緩・急」や「ため」であり、これが達人の流れるような動きに結びついていると考えられます。

さて、ロンドン五輪個人総合金メダリスト・体操競技の内村航平選手の寸分の狂いもない着地は、何度見ても感嘆してしまいますが、じつは彼が見事に着地を決められる理由は、「力の抜き方」にあるといわれています。内村選手は着地直前、一瞬身体の緊張を弛め、地面の反発力を巧みに吸収することで、身体がバウンドせず、ぴたりと見事な着地を成功させていたのです。けれど、この内村選手にあっても「オリンピックには魔物がいた」とコメントとしたほど、ロンドン五輪では普段通りの演技ができず苦しんだようです。

「金メダル確実」といわれた内村選手でさえ、団体予選ではあん馬と鉄棒の両方でまさかの落下ミスをしてしまったのです。そこで、次に「心理的メカニズムと運動との関係」について考えてみます。

生理心理学者のリンズリー（Linsley, 1960）は、過剰な覚醒（強すぎる興奮・緊張など）が運動に与える影響について多くの業績を残した人ですが、このリンズリーの理論の要点をスポーツ心理学者の市村（1993）が以下のように分かりやすく説明しています。

「私たちはいま目覚めた状態で本を読んだり、ページをめくったりしている。読書にあきて眠気をもよおしている人もいるかもしれない。何をするにせよ、目覚めた状態（覚醒した状態）は、大脳の下にある視床、中脳、延髄などの脳の幹にある網の目のように絡まった神経系の活動によって支えられている。その支えられた目覚めの状態で、大脳は親指と人指し指

に力をいれ、一方で小指には力を入れないで本のページをめくろうという命令を発する。しかし、目覚めの状態（覚醒状態）があまりにも強くなりすぎると、大脳皮質全体の覚醒水準がどこもかしこも高まってしまい汎性覚醒の状態が出現する。そうなるとある部位には力を入れ、ある部位にはリラックスさせておくという、機能分化を伴った運動が不可能になってしまう」。

「しなやか」で「なめらか」な運動を生み出すためには、緊張と弛緩が切り替わる際のスムーズさが必要で、スムーズな切り替えを実現するためには、「覚醒のコントロール」という心理的な能力や技術が強く関わっているのです。すなわち、「ここ一番」という大事な場面では、力を入れること以上に「力を抜く」ことが、「しなやか」で「なめらか」な動きにつながるようです！

様々な指導者像（前編）。ビジュアリゼーション

２０１４年６月からブラジルで開催されたサッカーワールドカップ（Ｗ杯）で私が特に注目したのは、オランダ代表監督ルイ・ファン・ハール氏でした。サッカー界屈指の戦術家といわれるファン・ハール監督が、前回準優勝のオランダチームを率いてどのような戦い方を見せるのか…とても関心がありました。今大会のオランダチームは、予選から前回大会の優勝国スペインと同じリーグで対戦するという、いわゆる「死の組」に入り、苦難の幕開けとなりました。けれど、ふたを開けてみれば、そんな苦境をものともせず、オランダは予選リーグを１位で通過し、決勝トーナメントに進出したのです。

そしてベスト４をかけて臨んだコスタリカとの準々決勝。オランダはコスタリカの堅い守備を崩せず、勝負はスコアレス・ドローのまま延長戦に突入しました。選手達に疲労の色が見える延長戦、ファン・ハール監督は未だに最後の選手交代枠を使いません。結局、交代枠を１つ残したまま試合時間の120分が終了します。すると、残り数分のアディショナルタイム（追加時間）で、ファン・ハール監督はなんと最後の選手交代枠をゴールキーパーの交代に使ったのです。正ゴールキーパーのシレッセンに代えて、控えのクルルを起用。この〝奇

策〟とも呼べる交代によって、この後大きな展開が生まれます。試合は延長戦を終えても勝敗が決せず、勝負の行方はＰＫ（ペナルティーキック）戦に突入しました。そしてこの大事な場面で代わって入ったクルルが相手のＰＫ５本中２本を止める活躍でチームを勝利に導いたのです。この一見無謀とも取れる采配、偶然にも思える結末ですが、じつは試合前から周到に準備されたものだったのです。

オランダの守護神シレッセンは、フィールドプレイでは素晴らしいパフォーマンスを発揮するものの、ＰＫ戦を止めた実績がありません。それに対してクルルは、リーチも長くこれまでにもＰＫを止めた実績を持っています。そこで、コスタリカ戦に入る前からファン・ハール監督は、事前にクルルにギリシャ戦でのコスタリカのＰＫを分析させ、コスタリカとのＰＫをシミュレーションさせていたのです。さらに一方で、先発するシレッセンにはそのことをいっさい伝えませんでした。ファン・ハール監督は、余計な情報を与えることでシレッセンが集中力を欠くリスクを考え、あえて情報を与えないことでそのリスクを回避していたのです。ＰＫ戦に至るまでのシレッセンの集中力は賞賛に値するものでした。もしシレッセンが集中力を欠き、終了間際のピンチを止めていなかったら、きっとオランダチームはＰＫ戦にすらたどりつけなかったことでしょう。ともかく、こうして世界の４強を懸けた激戦は、ファン・ハール監督の采配とそれに応えた二人のゴールキーパーの活躍によって、オランダが勝利を手中に収めたのでした。

ファン・ハール監督の眼には、この戦いが始まる前からすでにＰＫ戦でオランダが競り勝つ様子が鮮明にビジュアライズ（映像化）されていたのです。このまだ見ぬ出来事を視覚化することを、スポーツ心理学では「ビジュアリゼーション（visualization）／可視化」と呼びます。オランダが勝利した背景には、まだ現実となっていない段階において様々なシーンがビジュアライズされ、その可視化された映像とストーリーを実現するために、着々と具体的な準備が進められていたという事実が存在していました。指導者には、①イメージ上でどれだけリアルな「絵」が描けるか、②それをどう具現化できるかという能力が求められます。そういう意味では、ファン・ハール監督は「名将」と呼ぶにふさわしい指導者といえるでしょう。

　コスタリカ戦に勝利し、ベスト4進出を決めたオランダチーム。しかしこの後、ファン・ハール監督には思いも掛けない出来事が起こるのでした。

様々な指導者像（後編）。失敗がよい経験を生む

サッカーワールドカップ（W杯）ブラジル大会（2014）、オランダ代表監督ファン・ハール氏の采配がズバリと的中し、ベスト4まで駒を進めたオランダ。しかし次の試合、ファン・ハール監督は予想もしなかった出来事に直面するのです。決勝進出をかけて臨んだアルゼンチン戦。大接戦の末、この試合も勝負はまたしてもPK戦へ。この重要な場面で、監督から1番・2番のキッカーに指名された選手がなんとPKを拒否したのです！　拒否した真相は定かではありませんが、このような事態が起こることはさすがのファン・ハール監督も予測不可能でした。結果として、オランダはアルゼンチンにPK戦で敗戦を喫したのです。

比類なき戦術家として名を馳せたファン・ハール監督、かつて2000年にオランダ代表を率いたものの、2002年のW杯の出場権を逃しています。その原因は彼の自己主張の強さが選手との確執を生み、それによってチームが崩壊したといわれています。その後、ファン・ハール監督はクラブチームの監督に就任するも不振により辞任させられるという屈辱的な経験をします。彼のエリート人生の中で初めての挫折といっても良いでしょう。そして、彼は「雌伏《しふく》」、すなわち力を養いながら自分の活躍する機会をじっと待つ時期を経て、再び

２０１２年からオランダ代表監督に返り咲いたのです。今回、彼がとった選手への対応は、以前の高圧的なものとは打って変わり、若手選手に積極的に声を掛けるなど「父親的な顔」を覗かせます。それは、W杯敗退後もアルゼンチン戦でPKを拒んだ選手の名前を公表しなかった行動にも表れています。オランダは結局ブラジルとの3位決定戦を制して3位に入賞し、ファン・ハール監督は「オランダ至上最高監督」といわれながらも、大会後には「自分には代表監督は合わない」とその座を退きました。

そして、次にオランダ代表監督を引き継いだのが、フース・ヒディンク氏。ファン・ハール監督と同じオランダ人でありながら、二人はまったく違ったタイプの指導者でした。いわば強い個性で自分が決めた方針を貫いてきたファン・ハール監督が「剛」であれば、様々な状況に適応しながら新たなものをつくり出すヒディンク氏は「柔」といえます。彼はプロ選手をしながら、一方で教師として不良生徒や精神的問題を抱える特殊学級を担任し、プロ選手と教師との兼業を10年以上続けたのです。その後、当時強豪とはいえなかった国内のクラブチームPSVを率いて、UEFAチャンピオンズカップ優勝、国内リーグ優勝、国内カップ優勝の三冠制覇を成し遂げます。そしてこの成果を皮切りに、オーストラリア、ロシア、韓国などの代表チーム監督を務めるようになるのです。彼の行くところ、戦力評価の低いチームが次々と再生され、言語や文化、人種も全く違う国に溶け込みチームをまとめる手腕は、「ヒディンク・マジック」と称されます。なかでも、２００２年の日韓W杯で韓国をベスト4に導いたことは大きな話題となりました。この手腕の原点となっているのは、かつて不良

生徒や特殊学級を担任していた経験だと彼はいいます。ヒディンク監督のもと、これからオランダチームがどのように変わっていくのか目が離せません。

古代ギリシャの哲学者アリストテレスがこんな言葉を残しています。

「誰でも怒ることはある——怒るのは簡単だ　しかし、怒るべき相手に、正しいレベルで、正しい時に、正しい目的で、正しい方法で——これはなかなか難しい」

かの偉大な哲学者であっても、我々と同じような苦悩を抱えていたようです。

指導者も選手と同様に、様々な経験を通して新たなことを学び、苦しみながらも変化を遂げていきます。失敗を経てようやく成功にたどり着いた時、かつての失敗が「よい経験」に変わるのでしょう。けれどよい経験とは必ずしも「楽で楽しい経験でない」ことも事実なのです。

モデリング。効果的な示範のポイント

視覚的な情報を用いた指導の方法は、写真やイラスト、動画、鏡を使用するものから指導者が実際にやって見せる模範的実演まで様々です。その中でも、「学習しようとする運動を実際にやって見せる」という教示方法、つまり「示範(demonstration)」は、デジタル化が進んだ現代にあっても、視覚的な指導方法の重要なポジションを占めています。

示範の働きとは、「この運動はこのようにすればうまくできる」というモデルを学習者に示すことであり、心理学ではこの「見て学ぶこと」を、「モデリング(modeling)」と呼んでいます。

学習心理学者のアルバート・バンデューラは、モデリングが成立するためには、1注意過程、2保持過程、3運動再生過程、4動機づけ過程の4つの過程が必要だと述べています(Bandura, 1975)。また、運動学習の権威である杉原（2003）は、「注意過程は学習者が学習しようとする動きに注意を向けて見る過程で、示範を行うとき最も重要な意味を持つ」と、示範における注意過程の重要性を強調しています。

そこで、本稿では特に「注意過程」に焦点をあて、杉原の指摘する示範の留意点を基にし

ながら、「効果的な示範」を考えていきます。

①どこを見るかはっきり指摘する

示範には多くの情報が含まれているため、指導者は学習者に「どこを見るか」を明確に指摘して示範する必要がある。

②よく見える位置から見せる

示範する指導者と学習者の位置関係をしっかり考え、見せたい所が学習者によく見えているかを考える。一方向だけからでなく、いくつかの方向から示範した方がよく理解できる場合がある。

③速い動きはゆっくりやって見せる

見せたい動きが速い動きの場合には、スピードを落としてゆっくりとやって見せる。ゆっくりできない場合には、映像機器に記録し、スロー再生で見せることも有効である。

④見にくい動きは誇張して見せる

見せたい動きが細かく微妙な場合は、オーバーアクションで誇張してやって見せることが必要である。

⑤よくない動きと対比して見せる

目標とする動きを正しく理解させるために、よい動きとよくない動きとを対比して示範することが有効である。この応用として、よくない動きから徐々によい動きに変化させる示範方法もある。

⑥身近なモデルを見せる

学習者と見せるモデルの間に大きな技能のギャップがあると、モデリングが成立しにくいことが報告されている（工藤、1987）。初心者に一流選手の高度な動きを見せても学習の大きな効果は期待できない。示範では、「これなら自分にでもできそうだ」と思えるような動きを見せることが大切である。しかし一方で、超一流選手の優れた動きを見せることで、「将来、あんなすばらしい技ができるようになりたい」という憧れを育む動機づけとしては重要な意味を持つ。

⑦1回でなく何回か見せる

たった1回見せるだけではあまり効果がなく、よく分かるまで少なくとも数回は見せる必要がある（工藤、1987）。

かの連合艦隊司令長官で大日本帝国海軍軍人の山本五十六（やまもと　いそろく）は、「やってみせ、言って聞かせて、させてみせ、ほめてやらねば、人は動かじ」という言葉を残しています。指導者として、どんな言葉で表現するより、まずは実際に自分がやって見せられることが理想でしょう。しかし、やって見せるためには、やって見せられるだけの準備が必要です。その準備とはただ一つ「日々の研鑽」、それしかないはず。意図したことを明確に示範できるよう、指導者自身も修錬し続けなければいけないということでしょう。

インナー・ゲーム。衝撃的革新的な発想

40年以上経った今でもスポーツ選手やコーチ、研究者に読み返されている名著があります。それは、1972年に初版が発刊された『ザ・インナー・ゲーム』(THE INNER GAME OF TENNIS)。この本は、ハーバード大学で心理学を学び、その後東洋思想や禅を研究してきたテニスコーチのティモシー・ギャルウェイ(W. Timothy Gallwey)によって著されたものです。

インナー・ゲームが発刊された当時、スポーツ心理学はまだ小さな領域で、メンタル面の能力が語られることもほとんどありませんでした。こんな時代に目に見えない自分自身の「内側」に焦点を当て、潜在能力をフルに引き出すために必要な心と肉体が調和するためのプロセスを説くという発想は、まさに革命的なものでした。

では、インナー・ゲーム理論とはいったいどのようなものなのでしょう。以下に項目ごとにインナー・ゲーム理論のポイントをまとめ、最後にギャルウェイの言葉(『 』部分)で締めくくりました。

①2つのセルフ (Self)

テニスのコーチをしていたギャルウェイはある時、コート上のプレーヤーが心の内部でひっきりなしに会話をしていることに気づきます。「おい、しっかりしろ」「ボールから目を離すな、何をやっているんだ」こうした会話の一部は、恐れや自己不信からくるもので、それがプレーヤーの最大能力の発揮を妨げていることを発見したのです。そして、ギャルウェイは自分自身に話しかけ、叱責し、支配している声の主を「セルフ１（自分）」、その命令によってボールを打つ存在である実行者たる自分自身を「セルフ２（自身）」と名づけ、２つのセルフの関係性に注目して観察を続けていきました。

『試合中も練習中も、ひっきりなしに自分に対して命令し、叱責するもう一人の自分がいることにあなたは気づいているだろうか。小うるさい上司のような命令の専門家は、自身のスポーツを妨害する張本人でもあった。』

②セルフ1とセルフ2の関係

観察の結果、自身をコントロールし、評価しようとするセルフ１の口数が少ないほど、実際のショットはよくなり、一方でセルフ２を信頼するほどにセルフ１の口数が減ることが分かりました。インナー・ゲームで最初に開発されるべきインナー・スキル（内側の能力）は、頭で考えて判断せずに感じ取ることで良い悪いと判断するから感覚が鈍るのだとギャルウェイは指摘しています。

『子どもは誰にも強要されずに、ごく自然に歩き始め話し始めてしまうのに、大人は正しい打ち方に縛られて、頭でテニスをしようとしすぎる。内側からの感覚を無視して外側の形で自分を判断しようとするから、自身のテニスを見失う。』

③セルフ2を信頼すること

人間の肉体は、しばしばその驚異を見過ごされ、過小評価されているとギャルウェイは強調します。ここでいう肉体とは、筋肉や骨格だけでなく、脳、意識・無意識の記憶力、神経システムを含めた存在で、すなわち「セルフ2」を指しています。セルフ1があまりに無知あるいは自信過剰だと、本当の意味での自分への信頼は構築できません。頑張りすぎて力み、自分に命令し過ぎるのは、セルフ1がセルフ2を信頼していないことに起因しています。そのために過剰に筋肉を使い、意欲を減退させ、集中力を失う結果となるとギャルウェイは説明しています。

『セルフ2を筋肉の集合体と錯覚したら大間違いだ。そのスーパー本能を活用する第一歩はより鮮明な画像（イメージ）を与え、そのように動いて欲しいと依頼することだ。すべてを任せると何が起きるか観察してみよう。変化は自然に起きていく。』

以上のように、ギャルウェイのインナー・ゲーム理論の概要を紹介しましたが、テニスを剣道に置き換え、再度セルフ1とセルフ2の関係を自分の稽古や試合、審査の場面に適用して考えてみると、今まで意識していなかった課題に気づかされるのではないでしょうか。きっと明日からの稽古が変わり始めますよ！

没頭、集中。ゾーンをひも解く

ティモシー・ギャルウェイによって著された「インナー・ゲーム」は、世界に衝撃を与えた革新的なものでした。インナー・ゲームとは「心だけではなく、心と体の連係を考慮しながら、自分自身の内側の能力を引き出すための発想法で、誰しもが自分の内側に気づかず持っている能力を、もっと素直に引き出すためのプロセス」と記されています（Gallwey, 2000）。

ギャルウェイは、人には「2つのセルフ（Self）」があり、セルフ1とは、常に口やかましく自分自身を批判する「自分」のことで、セルフ2は、物事を実際に行う実行者である「自身」のことであると定義しています。そして、長年の研究と指導経験から、セルフ1のたゆまぬ「考える」作業が、セルフ2の自然な能力発揮を妨げる原因であることを指摘しています。さらに、「2つのセルフ」（セルフ1とセルフ2）が協調関係と結び一体化した瞬間に「能力発揮の頂点」、つまり「ピーク・パフォーマンス（Peak Performance）」が生まれると述べています。

最近よく「ゾーン」という言葉を耳にするようになりました。ゾーンとは、ピーク・パフォーマンスに至る心理状態で、ゾーンに入っている時には、至適な緊張・興奮レベルが保たれ、何の迷いも恐れもなくただ目の前の課題だけに没頭しています。そしてこの時、きわめて高い集中力が発揮され、自分でも信じられないような最高のパフォーマンスをみせます。剣道で言うならば、「無心で放たれた一本の出現」とでも言いましょうか。

ギャルウェイは、ゾーンを「異次元」と呼び、彼独特の言い回しでこう語ります。『異次元（ゾーン）に達するためにはセルフ1を置いていかないとならない。セルフ1は異次元に行くために様々な努力をセルフ2に命じるのだが、セルフ1が先頭を切って走る限りは異次元でプレーすることはできない。たとえ一瞬、良いプレーがあったとしよう。その瞬間に、〝これは私の手柄よ〟とばかりにセルフ1がしゃしゃり出て、すべてはその瞬間に崩壊する。』

テニスUSオープン（2014）で決勝に進出したテニス・プレーヤーの錦織圭選手も、同じようなことを言っています。好調だったシーズン中、何回かゾーンに入っていたことを実感したそうです。1年間のフルセットでの勝率は90・9％（歴代第1位）という驚異的な数字がその集中力の高さを物語っています。けれど、「今なら何を打っても決まる」という絶好調の状態であっても、ゾーンに入っていることを意識し始めた瞬間にプレーが変わってしまったといいます。つまり、ゾーンにあることを自らが意識することで、かえってゾーンを維持することができなくなるのです。たとえ、超一流選手であっても、自由自在にゾーンの状態をつくることはきわめて困難な課題なのです。

この課題について、ギャルウェイは、「ゾーンはどこからか届けられる贈り物」という考

え方を示しています。『要求してももらえないが、お願いすることはできる。どうやって？どんな努力で？　贈り物は、セルフ1を抑え、セルフ2がより意識のレベルを鋭敏に高め、歓びを増していく過程で届けられる。贈り物の有りがたさを理解し、〝贈り物を獲得する方法を知っている〟などと自惚れない限り、贈り物が届けられる回数は増えていく。』

すなわち、ゾーンはすでに自分の内側に存在し、自身が持っている能力（セルフ2）を信頼し今に焦点化することで、ゾーンは向こうからやってくるというのです。

そこで次は、インナー・ゲームでギャルウェイが意図している「精神集中」とはどのようなもので、最高のレベルの集中力とはいったい何かについて話を進めていきます。

インナー・ゲーム。4つの集中レベル

ここからは、初心者からプロ選手まで数多くのテニスプレーヤーのパフォーマンスを革新的に進化させたテニスコーチ・ギャルウェイが意図する「精神集中（concentration）」に注目し、最高レベルの集中力を身に付けるカギを探っていきます。ギャルウェイは、ベストセラー「インナー・テニス」の中で、集中のレベルを4つの段階に分類しています。

レベル1「注意を払う程度の集中」

交差点で信号が青か赤かなどを見分けるレベルです。特に信号に興味があるわけでもなく、単に自分が横断歩道を渡って良いのか悪いのかを判断しているだけの低い集中レベルです。

レベル2「興味を持った注意」

テレビを観ながら食事をしているようなレベルです。テレビの内容に興味を示し、ある程度集中し内容も理解している。けれど一方で食事も進めているような状態です。テレビに集中している意識はあるものの、それほど高い集中レベルではありません。

レベル3「心を奪われる集中」

課題に没頭して他のことが気にならない集中状態。たとえば、剣道での地稽古の最中。な

かなかの腕前の剣士を相手に、きわどい攻防が続いています。この時、相手とのやりとりにのみ意識を集中している状態で、周囲の雑音はまったく気になりません。この状態は、かなり高い集中レベルといえるでしょう。ですが、この集中レベルが最高水準ではありません。

レベル4「無我夢中の集中」

何をやったという意識さえもない無我夢中の状態。まさに、「ゾーン」に入った状態で、興奮と冷静さを同時に感じ、あらゆることが自分の思うとおりになっている感覚を持つ最高レベルの集中状態です。この集中状態では無意識に身体が動き、気が付いたら「すごい技が出ていた」、「どう打ったのかよく覚えていない」ということが起こります。

では、その最高レベルの集中状態に入るためにはどうすれば良いのか？　そのカギは、〝今、ここ〟にあることをギャルウェイは指摘しています。

『〝今、ここで〟だけが、真に人間が自分自身をエンジョイし、何かを達成できる場所なのだ。一方、我々の悩みは、将来や過去に思いが飛んだ時から始まる。〝今、ここに〟あるものに満足する人は、まずいない。〝今、ここに〟よりももっといい〝ここ〟であって欲しいという欲望から、人は現実でない世界を求め、結果的に〝今、ここに〟で提供されているものを、自分自身を含めて、十分に味わい、楽しむことができないでいる。過去や未来の非現実を求めれば、心は〝今、ここに〟の現実から遊離する。』つまり、集中が現在から離れると〝今、ここ〟をフル体験で楽しむことができなくなり、その瞬間に集中の途切れが生じるということをギャルウェイは強調しています。

第62回全日本剣道選手権大会で最年少優勝を果たした竹ノ内佑也選手の快挙はまだ記憶に新しいことでしょう。この直後、著者は竹ノ内選手の大会時の心理状態を調査・分析する機会を得ました。その調査の中で、彼はたいへん興味深いことを語ってくれました（剣道時代2月号、２０１５「特集 竹ノ内佑也研究」を参照）。その中のひとつは、試合中、「勝手に身体が動いて、気が付いたら技が決まっていた」瞬間があったということ。そして、さらに驚くべきことは、竹ノ内選手が試合中に意識していたことは、「現在のみに集中すること」、ギャルウェイが強調する〝今、ここ〟だったのです。

ギャルウェイのいう精神集中とは、「やるぞ、精神を集中するぞ」と意識をまとめる行為でなく、自分の存在感すら無くすほどに、ただ「何かに打ち込んでいる」状態を意味しています。そして、最高レベルの集中状態に至るためのスイッチとは、過去や未来のことを一切考えず、「今だけ」を味わい、楽しむことにあるようです。次の、インナー・ゲーム最終稿では、人は自分の内側との対話の中で、何を目標とし何を育んでいくべきか、インナー・ゲームの核心に迫ります。

インナー・ゲーム。その核心はどこに

テニスコーチであるティモシー・ギャルウェイ（W. Timothy Gallwey）によって提唱された革新的な考え方と実践方法である「インナー・ゲーム（内側のゲーム）」理論は、多くのスポーツ関係者に強く影響を与え、それはスポーツ以外の様々な分野にも拡大していきました。

①競争相手は「敵」ではなく、自らの能力を引き出してくれる「協力者」

『現代が烈《はげ》しすぎる競争社会だからこそ、個人の意識の奥底で、ともすれば競争競技への罪悪視が芽生え始める。戦うとは、どういうことなのか。筆者（ギャルウェイ）は、ベストの能力を互いに体験し合うためにこそ、協力して互いの〝障害〟になることが真の競争だと結論づけた。』

このギャルウェイが示す「競争」についての解釈は、多くの人の競争へ向かう姿勢を激変させました。ギャルウェイの理論を剣道にあてはめると以下のようになります。

真剣勝負の競争（試合や審査）の場面では、相手が強いほど自分自身の能力をフルに使って立ち合います。ここで重要なのは、相手が面や小手等の技を打ち損じてくれと願う代わり

に、鋭い技が狙い通りに自分に打ち込まれることを期待すること。相手の技術の成功を祈る気持ちは、相手の捨てきった技を見事に返し技に仕留めようとする自分の心理状態を安定させ、ポジティブにします。それがより速く、より適切な動きをもたらし、今度はそれが相手にとってさらにチャレンジングな要素となって打ち返されます。そのやりとりは、相手にも自分にも自信を植え付け始め、その結果「予測の感性」がより鋭く機能し始めるのです。

②「勝とうとだけすること」と「勝つために努力すること」の違い

『〝勝とうとだけする者〟は、自分にはどうにもならない部分をも、心配しなければならない。勝つにせよ負けるにせよ、試合の結果は自分の能力や努力だけでなく、相手の能力や努力によって決まるからだ。勝ちたいと思う気持ちが強くなるほど、自分以外の要素が気になり、不安や雑念に支配され、頑張り過ぎ、すなわち〝力み〟が出る。』

『一方、〝勝つために努力すると考える者〟は、単に努力すれば良いのであって、あらゆる瞬間に、自分のベストを出し切ることが可能となる。自分がコントロールできる要素に対して、人は不安や心配は感じない。〝今、ここで〟このポイントを勝つために最大の努力をしているのだというシンプルな意識は、不安や心配を追い抜いてしまう。その結果、エネルギーは（不安や心配に費やされることなく）勝つための最大努力にのみ集中して使用される。』

ここで言う「努力」とは、自分（セルフ1）に対する「頑張るぞ、頑張れ！」という活躍を指しているのではなく、ただ瞬間、瞬間を〝今、ここで〟に集中し、決断し、自身（セルフ2）の内側にすでに存在している「安定感」を信頼して委ねることを意味しています。

③インナー・ゲームの核心

ギャルウェイはインナー・ゲームとは、「プレーヤーの内側のスポーツのことで、集中力の突然の途切れや、緊張、自信喪失、自己非難という内なる障害を克服するゲーム」(Gallwey, 2000) と定義しています。そして、「集中する方法」を習得したテニスプレーヤーは、そのプロセスが技術習得よりもはるかに貴重であることを認識し、同時にテニスのために集中法を学ぶのではなく、集中力を極めるために自分がテニスをしていたことに気づくことが述べられています。

同様に、剣道人もどんな時でも平常心でいられる心をつくるために「剣道」をしていると考えることができるならば、試合や審査は単に現在の修行の進度を試すための指標となり、そうなればもう順位や結果を恐れる必要もなくなるのではないでしょうか。

第四章

レジリエンス。折れない心のつくり方

レジリエンス。折れない心のつくり方

「レジリエンス（Resilience）」という言葉を耳にしたことはないでしょうか？　この言葉、もともとは物理学用語で「弾性」を意味しますが、心理学的には「困難あるいは脅威的な状況にもかかわらず、うまく適応する過程、能力、あるいは結果」と定義されています（Masten et al., 1990）。つまり、「レジリエンス」とは、逆境（脅威的な状況）から這い上がること、傷つき落ち込んでも通常の状況に立ち直っていくということの両方を意味します（図1）。日本では「回復力」「心の強さ」や「生きる力」という意味で使われることが多いようです。

スポーツ・アスリートの中でも、ソチ・平昌と2つの五輪で金メダリストに輝いた男子フィギュアスケートの羽生結弦《はにゅうゆづる》選手のレジリエンスの高さが注目されています。まだ記憶に新しい2014年11月の中国杯、羽生選手はフリープログラム直前の6分間練習で中国の閻涵《えんかん》選手と衝突し、顎を7針と頭を3針縫う負傷をしながらも競技を続行し、銀メダルを獲得。その後もケガの影響を抱えながら、最下位（ランキング6位）でグランプリファイナルへの出場を果たし、そして最終的には逆境を乗り越えて日本人初となるグランプリファイナル2

連覇という偉業を成し遂げたのです。

じつはこの羽生選手、２歳の頃から喘息を患い、肺を大きく開いて息を吸い込むことができないために体力・持久力面で劣るというハンディを背負いながら競技を続けてきた人なのです。

また、２０１１年３月には練習中に東日本大震災で被災し、スケート靴を履いたまま場外に避難するような事態に見舞われました。自宅も甚大な被害を受け避難所生活も経験しました。ホームのスケートリンクは閉鎖、彼は練習する場さえ失ってしまいます。そんな中で羽生選手は練習場を求めて全国を転々としながら競技生活を続けます。その過程では、震災によって多くの死者や行方不明者を出している時に、自分はスケートを継続していて良いのか苦悩しました。けれど、こんな時だからこそ、被災者に元気と勇気を与えるためにもスケートを続けるべきだと意欲を取り戻し、競技生活を続行することを決意したのです。どんな逆境にも屈しない羽生選手のレジリエンスは、様々な体験の中でつくり出されたものだといわれています。

人は不遇な境遇に出会った時、①ソーシャルサポート（個人を支える環境と人をつくる）、②自己効力感（「できる」という見込み感を育てる）、③社会性（嫌なことがあっても他者と協調する力を育てる）の３つの力を発揮し、これらの力が発揮されるほどに心理的立ち直りが促進されるといわれています（佐藤・祐宗、２００９）。このストレス社会にあってレジリエンスの獲得は、心身の健康を維持するために欠くことのできないものであると言っても過言でないでしょう。

　スポーツ心理学者の山本（２０１３）は、レジリエンスは16歳から22歳くらいまでの年齢が最も強く、その後年齢を追う毎に低下していくことを報告しています。しかし、たとえ50代から70代の人であっても、週に数回の定期的な運動を継続している人は高いレジリエンスを維持していることを確認しています。すなわち、長年にわたり運動を実践している人は、逆境に遭遇しても回復力が高く、立ち直りが早いということなのです。

　そう考えると、剣道人は幼少期から高齢期に至るまでの長期にわたり稽古を継続しています。その過程では、きっと楽しいことだけではなく辛く苦しい体験をし、それを克服してきたはずです。ですから、長年の剣道の継続によって、剣道人には高いレジリエンスが形成されている可能性が示唆されます。こう考えると、日々の稽古とは、不意に訪れる「逆境」にも心折れることのない「強くてしなやかな心」を育む備えであるともいえるでしょう。改めて剣道に出会えたことに感謝ですね！

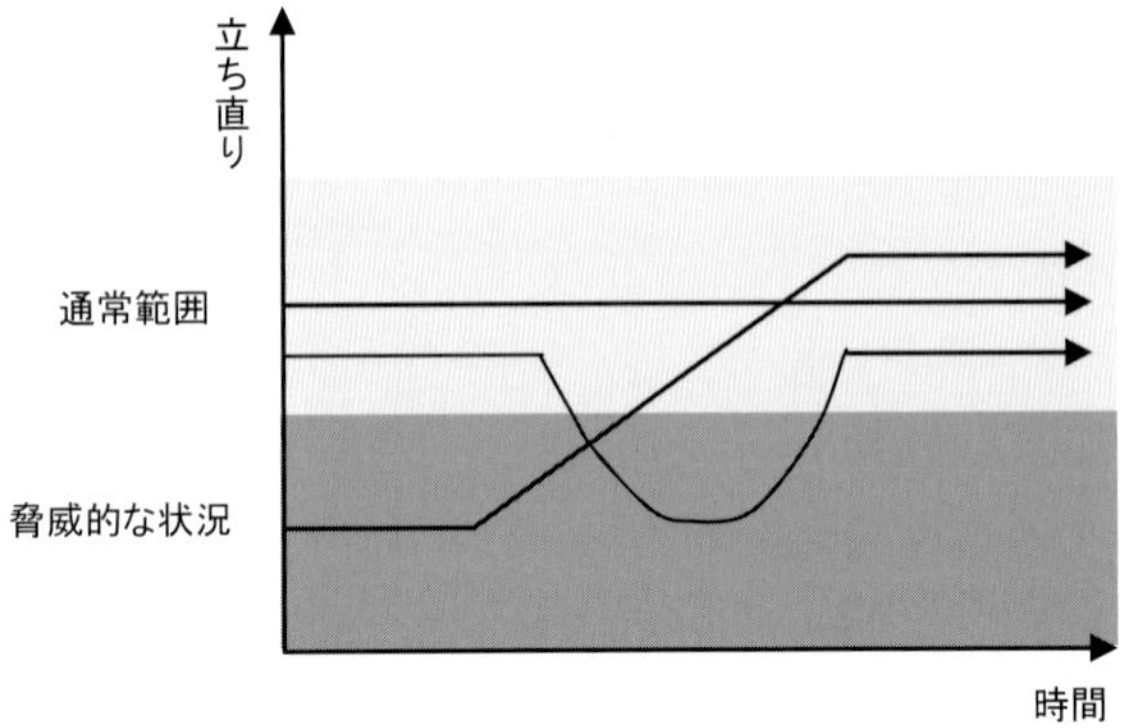

図1　レジリエンスの意味（Masten, 2001の理論を基に今村らが作図）

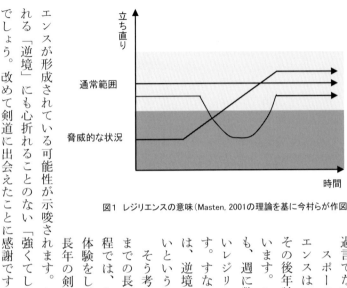

日本代表の特徴。メンタルサポート事例から

第16回世界剣道選手権大会を、私は観戦者として大いに楽しんでいましたが、実際に試合をした全日本代表選手は、自国開催の世界大会を楽しんでいる余裕など無かったのではないでしょうか。「絶対に勝たなければならない」そんなプレッシャーのかかる状況で、ときにストレスに押しつぶされそうになることもあったかもしれません。けれど、その状態でもあれだけの素晴らしいパフォーマンスを発揮できる全日本代表選手は、みな強靱な精神力を持っていると考えられますが、実際の代表選手とは、いったいどのような人達なのでしょうか。

第14回世界剣道選手権ブラジル大会（２００９）で女子代表チームのメンタルサポートを担当した、スポーツ心理学者でスポーツカウンセラーの土屋裕睦氏は、代表チームに帯同する中で全日本代表チームの特徴を以下のように報告しています（出典　コーチング・クリニック9月号、２０１０）。

①男女共にプロ意識が高い

剣道はアマチュアスポーツでありながらも、代表選手が剣道に取り組む姿勢はプロフェッショナルであり、自分の人生、自分の存在をかけて課題に取り組んでいる気概を強く感じた。

目標を達成するために、自分が果たさなければならない役割を明確に理解し、そして、自分にできること、役立つものは何でも吸収したいという意欲を持っていた。

②人間的な器の大きさ、妥協の無さと求めるレベルの高さ

剣道への取り組みはもとより、普段の会話や言葉遣いなどから、代表選手らの人間的な器の大きさを感じた。さらに、誰一人として一切の妥協がなく、その求めるレベルの高さに驚かされた。

第14回大会は日本が敗れた第13回大会（２００６）後初めての世界大会であり、周囲はその影響を少なからず心配していましたが、代表選手は「どうすれば自分の剣道を短い試合時間の中ですべて出し切れるか」だけを徹底的に追求していたそうです。勝ち負けはあくまで「結果」であり、自分の力ではコントロールすることはできません。けれど、最初から大きな声を出す、思い切って打ち切るといった「勝ち方」（戦い方）は、自分が意識すればコントロールできること。そして、それを突き詰めた結果として、最終的に男女ともに個人・団体の完全優勝を成し遂げることに繋がったのではないかと土屋氏は分析しています。これまで、多くの競技種目やプロチームのメンタルサポートをしてきた土屋氏でしたが、剣道代表選手の持つ揺るぎないメンタリティと、どんな場面でも冷静に選手の立場で考えるカウンセリングマインドに溢れた監督・コーチ陣を絶賛していました。

そして、土屋氏はこんな指摘をしています。「武道は、日頃の稽古の中で、心身を錬磨していくものなので、ことさらメンタルトレーニングを取り入れることは必ずしも必要でない

という意見もあるかもしれません。特に、日本を代表するような剣道の達人においては、それは必要ないだろうと考える人がいてもおかしくないでしょう」。「(10年前ならば) メンタルのサポートを受ける人は、心が弱い人という誤解がありました。しかし、実際には、世界大会のような最高レベルの試合で、鍛え上げられた選手たちが集まって戦うわけですから、心技体の『技』と『体』の力が互角であれば、おのずと『心』の強化が重要となります」。

たしかに、神経を削り合う様な緊迫した接戦を制するためには、最後は「心」の勝負になるのは必至で、そのためには「心の備え」が求められるのは不思議なことではないはずです。

今回、外国人剣士の台頭を目の当たりにし、次の世界大会で最高のパフォーマンスを出すための「心の備え」の必要性を改めて感じたのは、きっと私だけではないでしょう。

競泳日本代表大躍進。個人種目もチーム力で戦う

近年、個人種目においても「チーム力」の必要性が大きくクローズアップされています。ロンドン五輪（２０１２）で競技種目中最多の11個のメダルを獲得した競泳日本代表チームにも、かつて長く低迷した時代がありました。

１９７２年のミュンヘン五輪以降、競泳の獲得メダル数は激減していき、１９９６年のアトランタ五輪では、世界上位の力を持つ選手が数多く存在し、史上最強とまでいわれながらも、結局メダル無しに終わってしまいました。敗因分析の結果、浮かび上がってきたのは「チームワークの欠如」でした。この惨敗をふまえ、ヘッドコーチに就任した上野広治氏が先導役となり、水泳という個人種目であっても「チームとして戦う」という方針に大きく舵が切られたのでした。

「個人種目なのにチームで戦う必要があるのか？」そんな周囲の声をよそに、上野コーチはチーム全体の「共に戦う意識」を育てることに尽力します。まず、上野コーチが実行した改革のひとつは、コーチと選手、コーチ同士などの風通しを良くしたことでした。代表選手達は普段は国内で競い合うライバル同士であり、所属クラブも異なります。けれど、その関係

を代表では改めてもらうよう努めたのです。その取り組みは少しずつチーム内に浸透し、やがて、レースにおける情報やデータが共有化され、大会の場で得られたノウハウはすべてのコーチ達に伝えられ、チームは共に戦う一体感を強めていったのです。

さらに、オリンピック経験者が初出場の選手に、自身の経験を伝えるような場を積極的に設けたのでした。その画期的な〝しくみづくり〟の効果は、試合前にエースの北島康介選手が高校生選手と多くの話をする光景にも現れています。こうして、若手選手達の経験の乏しさが補完（不十分な所を補って完全なものにすること）されながら、勝利に向けた目に見えない財産が次世代のエースへと受け継がれていきました。次第に、上野コーチを中心として始まった競泳日本代表のチーム力を高める取り組みは、次第に実を結び始めます。同時にメダルの獲得数も徐々に増加し、ついにロンドン五輪では史上最多11個のメダル獲得に至ったのでした。

スポーツ組織論の専門家である葛山（２０１３）は、「チームとは『個』の補完のためにあり、補完されない個は脆弱であり、そのバランスを取るのがチームである」と述べています。そして、補完するには似た者同士ではなく、個がそれぞれ違った役割（特徴や視点を含む）を持つことが必要であることも指摘しています。

前述の競泳日本代表チームの事例でも、仮に1人のコーチが1人の選手だけに付く状態では、そのコーチの視点でしか指導が行われません。これでは「指導の補完」が図れなかったのです。複数のコーチ達の視点で指導が行われることで、より多くの問題点や可能性が検討

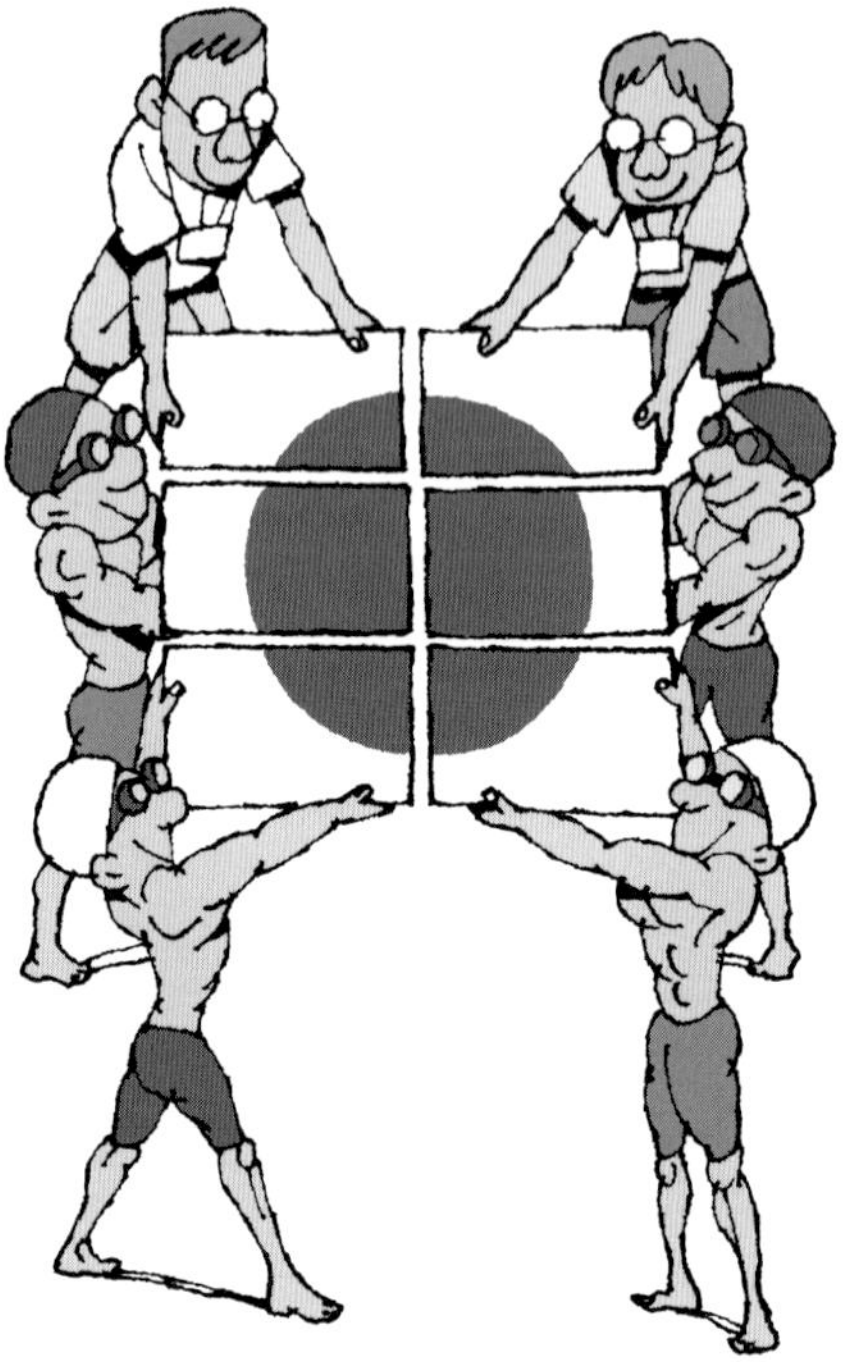

され、その経験はコーチ達が互いに共有し合えます。それによって、各コーチの個性や指導法が活かされ、結果として選手とコーチ両方の能力開発に繋がったと考えられます。また、これは選手間でも同様で、ベテラン選手の経験値と新人選手のエネルギーが相互に補完し合いながら個々の役割を理解し全うしたことで、それぞれの個が活かされ、能力発揮に寄与したといえます。

とかく、チームワークとは単に選手間のコミュニケーションの良好さと考えられがちですが、実は個々が自分の役割を理解し、相互補完的に足りないものを補い合いながら形成されているのです。

競泳界が実践し大きな成果をあげた「個が勝つためにチームで戦う」という考え方、これは剣道でのチームづくりにも適用できるものではないでしょうか。この機会に改めて「個とチームの関係」について考えてみてはいかがでしょう。

アンガーマネジメント① ピンチの時の解決志向

競技生活をしていく中では、様々なことが突然起こります。例えば「ケガ」です。「こんな大事な試合の前になぜケガをするんだ」「こんなケガさえしなければ…」。試合を前にして練習ができないことはとても辛く苦しいことです。

2014年7月9日、前半戦で12勝の成績を残しオールスターに選手間投票1位で選出されるなど、絶好調だったMLBニューヨーク・ヤンキースの田中将大投手を突然の悲劇が襲いました。『右肘靭帯の部分断裂で全治6週間』。「なぜ、こんな時に…」多くのファンがこのショッキングな事態に動揺しました。けれど、田中投手本人は至って冷静で、ケガの直後に以下のようなコメントを出しています。

「このような形でチームを離れることになり、チームメート、そしてファンの皆様には大変申し訳なく思っております。球団からの発表の通り、これから数週間のリハビリに入りますが、これも長い野球人生の一部であると受け止めています。選手としてプレーする以上、故障するリスクは常にあります。そういったときに大事なのは、しっかりと自分の身体と向き合い、一日でも早く復帰できるように努めることだと思います。皆様に元気な姿を見せられれるよう頑張ります」。

これまでの大活躍から一転、投手生命の危機に直面して一番ショックなのは田中投手のはずです。しかし、このコメントからは、この状況でも決してケガを憂いたり怒ったりせず、「どうすれば右肘が早く回復するか」だけに焦点化していることがわかります。その後、田中投手は驚異的なスピードで回復し、なんと9月21日のブルージェイズ戦に復帰し、13勝目を挙げるのです。田中投手が「感情のコントロールに長けている」と評価される所以が改めて実感できた気がしました。

近年、怒り（腹を立てる、イライラするなど）の感情とケガの関係について、こんな興味深い研究結果があります。それは、「怒りが傷の治りを遅くする」というものです（Gouin JP et al., 2008）。この原因としてコルチゾール（cortisol）というストレスホルモン物質が大きく関与していると考えられています。そして研究結果から、怒りの感情をうまくコントロールできない人ほどコルチゾールの活性が高く、それによってケガの治癒が遅れることが示唆されています。

人はよく、今となってはどうしようもできない出来事を思い出し、「怒り」を感じる時があります。いわゆる、「思い出し怒り」といわれるものです。ですが、前述の研究結果からも明らかなように、どれだけ腹を立てイライラしたところで、なんらプラスにはならないのです。

そこで、この「思い出し怒り」を解消するためのメソッドのひとつに、「ソリューション・フォーカスト・アプローチ（Solution Focused Approach）／SFA」があります。SFAは「解決志向」と訳され、アンガーマネジメント（anger management）、すなわち「怒りの感情と上手に付き合うための心理トレーニング」のベースとして用いられている理論です。その理論の根幹は、「過去は変えられないのだから、過去のことにはこだわらず、それよりも、未来志向で今できることに集中し、最善の結果を目指そう」というものです（小林、2

014）。

日本アンガーマネジメント協会の小林浩志氏は、著書の中でこう述べています。「解決志向では、〝変えられないものもある〟ことを受け容れ、〝怒っても仕方のないことに怒っても無意味である〟と割り切ることが重要だ」。つまり、天気を怒ったところで何も変わらないし、渋滞や電車の遅延にイライラしたところで解消されない。だから、雨が降ったら傘をさす。渋滞に巻き込まれたら好きな音楽を聴く。電車が遅れたら相手先への報告と代替案の提示。結局、できることをするしかありません。私たちが窮地に陥った時、まず考えるべきは、「具体的・現実的対処策」で、無意味なイライラこそが天敵なのです。

アンガーマネジメント②　怒りをコントロールする重要性

前稿では、「怒り」がケガの治りまでも遅らせてしまうことを紹介しましたが、「怒り」の負の影響力は、それだけではありません。怒りの持続を放置すると、心身に異常が生じやすくなります。特に多いのが自律神経の異常です。自律神経が異常をきたすと、消化、発汗、呼吸などのコントロール機能が不調となり体調に影響が現れます。また、いつまでも怒りの感情が消えないことは、常に緊張状態を持続していることであり、就寝時も良質な眠りが得られずに日常的な睡眠不足を引き起こし、それがさらにイライラを増幅させ、周囲にも怒りの感情をまき散らしてしまうという負のスパイラルを形成しかねません。日常的に怒りが充満しているとき、普段ならば受け流せるようなことに対しても、ついカッとして感情を爆発させてしまいがちになります。

図1は、「心のコップ」と呼ばれるもので、怒りが蓄積され爆発するまでの過程を、事例を入れながら示しています。この図からもわかるように、感情の爆発は突然発生するものでなく、蓄積しながらなんらかのきっかけによって一気に爆発する、言わば「時限爆弾」のようなものなのです。

しかし、怒りとは感情のひとつであり、感情の豊かさは人間らしさでもあります。ですから、単純に「怒る」こと自体が悪いというものではありません。ですが、我を忘れてしまうほどに激しく怒ったり、怒っても仕方のないことにイライラを募らせたりすることは、決して利益を生みません。アンガーマネジメントとは、「怒りの感情とうまく付き合う」ことなのです。

アンガーマネジメントは1970年代にアメリカで始まり、今では多くのスポーツ選手がアンガーマネジメントによって自らの競技パフォーマンスの向上に役立てています。例えば、NFLアメリカンフットボールの1年目のプロ選手には、アンガーマネジメント・プログラムの受講が義務づけられています。それは、チームプレーが要求させるアメリカンフットボールにおいて、試合中に誰かひとりでも怒りを抑えきれずにチームの意図とは別のプレーをしてしまったら戦術が成り立たなくなるからです。

さて、2006年のサッカーW杯ドイツ大会、イタリア対フランスの決勝戦での出来事を覚えているでしょうか。フランス代表の司令塔であるジダン選手が、イタリア代表のマテラッツィ選手に対して暴力行為（頭突き）を行い退場になりました。その行為に及んだ理由として、マテラッツィ選手からジダン選手へなんらかの侮辱的な挑発発言（トラッシュ・トーク）があったようです。けれど、結果としてその挑発行為にジダン選手が暴力で応えてしまったことで、世界一のかかった重要な試合中にフランス代表チームは司令塔を失い、優勝を逃したといわれています。その後、ジダン選手はFIFA国際サッカー連盟から処分を受け、

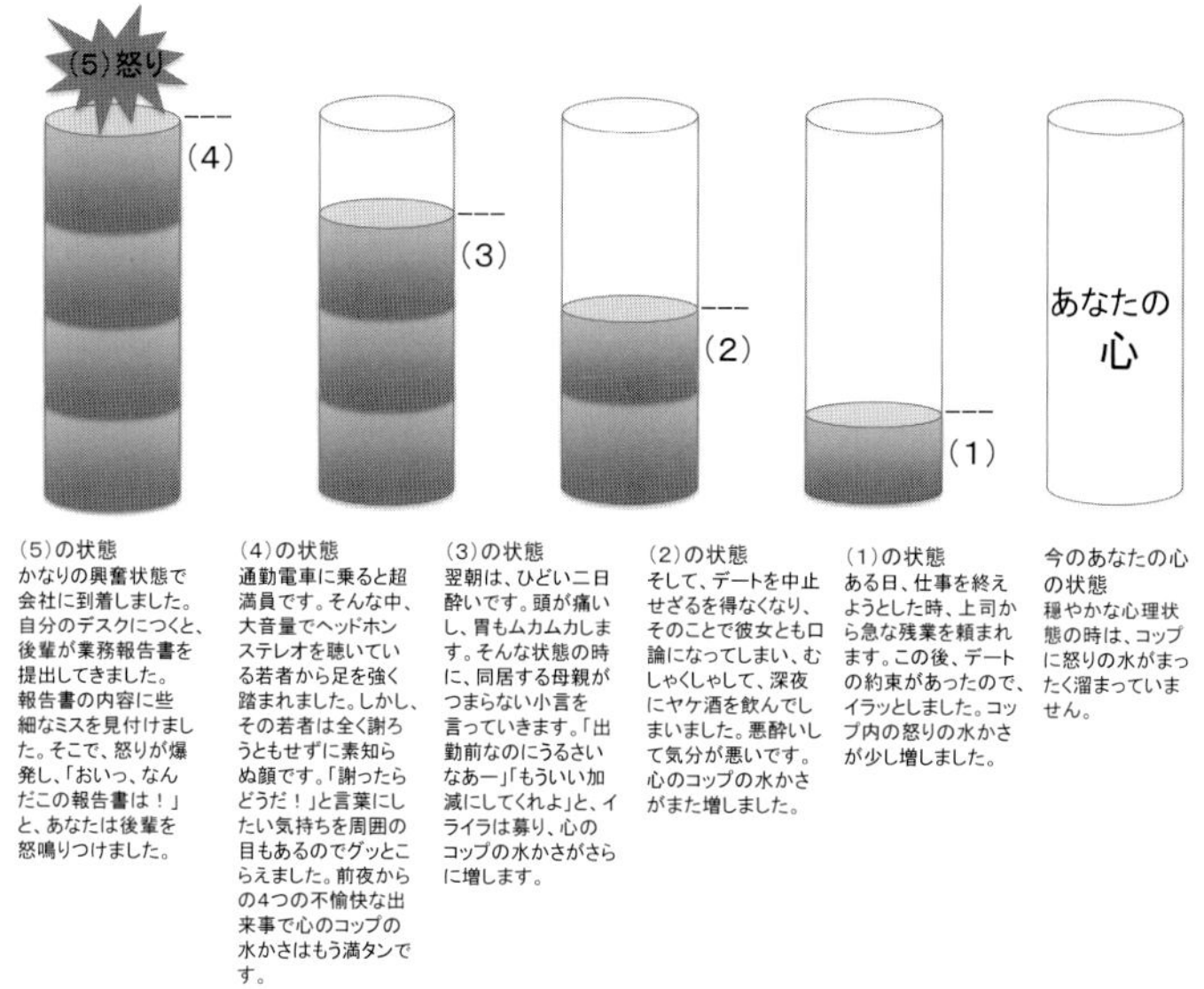
(5)怒り
(4)
(3)
(2)
(1)
あなたの
心
(5)の状態
かなりの興奮状態で会社に到着しました。自分のデスクにつくと、後輩が業務報告書を提出してきました。報告書の内容に些細なミスを見付けました。そこで、怒りが爆発し、「おいっ、なんだこの報告書は！」と、あなたは後輩を怒鳴りつけました。
(4)の状態
通勤電車に乗ると超満員です。そんな中、大音量でヘッドホンステレオを聴いている若者から足を強く踏まれました。しかし、その若者は全く謝ろうともせずに素知らぬ顔です。「謝ったらどうだ！」と言葉にしたい気持ちを周囲の目もあるのでグッとこらえました。前夜からの4つの不愉快な出来事で心のコップの水かさはもう満タンです。
(3)の状態
翌朝は、ひどい二日酔いです。頭が痛いし、胃もムカムカします。そんな状態の時に、同居する母親がつまらない小言を言っていきます。「出勤前なのにうるさいなあー」「もういい加減にしてくれよ」と、イライラは募り、心のコップの水かさがさらに増します。
(2)の状態
そして、デートを中止せざるを得なくなり、そのことで彼女とも口論になってしまい、むしゃくしゃして、深夜にヤケ酒を飲んでしまいました。悪酔いして気分が悪いです。心のコップの水かさがまた増しました。
(1)の状態
ある日、仕事を終えようとした時、上司から急な残業を頼まれます。この後、デートの約束があったので、イラッとしました。コップ内の怒りの水かさが少し増しました。
今のあなたの心の状態
穏やかな心理状態の時は、コップに怒りの水がまったく溜まっていません。

図1　怒りのイメージ「心のコップ」（小林、2014）

「将軍」と称された名選手は、不名誉な結末で現役生活を終えたのです。ジダン選手の心情を察すると気の毒な思いは残りますが、怒りをコントロールできなかったことで、これまで築いた名誉が深く傷いたことは事実なのです。

たしかに怒りをコントロールすることは容易ではありません。これまで剣道の試合や稽古中に、ついカッとなったために不本意な結果に繋がってしまった経験を持つ人も少なくないでしょう。喜怒哀楽の感情を持ちながら日々を生きることは人間らしくすばらしいこと。けれど、同時に一時の怒り感情の爆発によって他人を傷つけたり、人間性を疑われたりする状況を生まないことも重要なはずです。

アンガーマネジメント③　怒りをコントロールするテクニック

「アンガーマネジメント」は、1970年代にアメリカで始まった「怒り」の感情をマネジメントするための心理トレーニング法で、現在、教育・企業・政治・医療など様々な分野に導入されていますが、特に近年、試合中に心理的安定を保ち、最高のパフォーマンス発揮のためにスポーツ選手がこれを身に付けようとしています。

アンガーマネジメントについて、これまでアンガーマネジメント①②で解説してきましたが、本稿では、怒りへの「対処術」と「体質改善」に的を絞って具体的方法論をご紹介します。

感情には、「一次感情」と「二次感情」があり、「怒り」はセカンダリー・エモーションと呼ばれる二次感情です。じつは、二次感情が湧いてくるその裏側には、不安、つらい、寂しい、苦しい、痛い、困った、イヤだ、疲れた、悲しいなどの一次感情が潜んでいて、この感情が心のコップをいっぱいにしてしまうと、怒りとなってあふれ出すのです。

怒りとは突然に爆発するものでなく、心のコップの水かさが徐々に増し（一次感情の蓄積）、いっぱいに膨れ上がったときに何らかの刺激が引き金となって一気に爆発します。ですから、怒りを爆発させないためには、自分の「心のコップ」がいっぱいになる前にコップに穴をあけて水を抜く作業（対処術）と、心のコップの容量を大きくする取り組み（体質改善）の２つが求められるわけです。

表１には、アンガーマネジメントの中でも比較的簡単な11のテクニックを示しています。対処術①〜⑦は、怒りが爆発しそうな場面で直接用いる技術といえます。人の怒りのピークはおよそ6秒から10秒といわれていますから、この時間をうまくコントロールすることで、挑発してきた相手に「売り言葉に買い言葉」で応じることなく、怒りが不適切な行動や言動に結びつくのを防止できます。また、体質改善の①〜④は、自分が怒りを感じる場面や内容を客観的に分析・理解することによって、怒りを爆発させない「体質づくり」を実践していく取り組みといえます。

アンガーマネジメントの基礎となっている考え方が「解決志向（Solution Focused Approach）／SFA」です。この考え方の根幹は、世の中にはどうしても変えられないものがあり、それを受け容れ、「過去」に何があったとか「他人」がどうしたとか、いまさら変えられないものに縛られて怒りを増大させるより、これから変えていける「未来」と「自分」に焦点をあてて、なりたい理想に近づくため、現状と理想のギャップを埋める努力をすべきだという考え方です。

剣道の段位や経験が上がっていくに従って、多くの剣士が「相手に勝つために、まず自分に勝つこと」が重要だと知り、日々の修行の目的を「自らの心の鍛錬」に向けていきます。

表1　アンガーマネジメント 11の簡単テクニック（戸田, 2015）

対処術・体質改善	アンガーマネジメント・テクニック	アンガーマネジメント・テクニックの内容
対処術①	怒りを数値化する（スケールテクニック）	**怒りを数値化することで、怒りを客観的に把握できるようになる方法**　❶怒りを感じたときに、0から10までの怒りの数字を思い浮かべる❷点数をつけることに意識を向けることで、怒りの気持ちにストップがかかる❸自分の怒りを客観的に把握することで、気持ちが落ち着く
対処術②	思考を停止させる（ストップシンキング）	**怒りが湧いたときに、思考を停止させることで、怒りまかせの行動を防ぐ方法**　❶怒りを感じたとき、心の中で「ストップ」と唱える❷または頭の中で白紙を思い浮かべる❸心が落ち着き、これからどうしたらいいのか冷静に考えられる
対処術③	その場から離れる（タイムアウト）	**自分自身が感情をコントロールできなくなってきたときに、その場をいったん立ち去る方法**　❶その場にいると、自分の怒りが抑えられなくなってしまいそうなとき、その場を離れることを決める❷「ちょっとトイレ」などと言って席をはずし、また戻ることを伝える❸その場を離れたときに、心を落ち着かせるため、深呼吸をする
対処術④	数を数える（カウントバック）	**怒りを感じたときに、頭の中で数を「100、97、94」と逆に数えていく方法**　❶怒りを感じたとき、頭の中で、大きな数を思い浮かべる❷少し考えないと数えられないような数え方で数字を逆算していく❸数に集中しているうちに、感情がおさまる
対処術⑤	深呼吸をする（呼吸リラクセーション）	**怒りを感じたときに、ゆっくりと腹式呼吸をして気持ちを落ち着ける方法**　❶怒りが湧いた瞬間、鼻から大きく息を吸って、いったん呼吸をとめる❷口からゆっくりと息を吐く❸これを2〜3回行う❹「4秒吸って、8秒で吐く」というぐらい、吐くことに時間をかけると効果的
対処術⑥	心が落ち着くフレーズを唱える（コーピングマントラ）	**イラッとしたときに、心が落ち着くフレーズを言い聞かせる方法**　❶例えば理不尽なことで怒られたときに、すぐに言い返したりしない❷心の中で、自分の気持ちが落ち着く言葉を言い聞かせる❸何度か言い聞かせることで、高ぶる気持ちがやわらぐ
対処術⑦	いまに意識を集中させる（グラウンディング）	**過去の怒り、未来への負の感情から解放され、いま目の前にあるものに意識を向ける方法**　❶怒りが湧いた過去の出来事やよくない未来を想像してしまったとき、目の前にある何かを手にする❷それをしっかり観察する❸今、ここに戻ってくる
体質改善①	怒りを記録する（アンガーログ）	**怒りを感じたとき、日時や場所、起こった事実などを書き出す方法**　❶怒りを感じたら、その日のうちに記録をとる❷日時、場所、起こった出来事、どう思ったのかを書き出す❸怒りの強さに点数をつけるなら、10点中何点なのか書き出す❹次に怒りを感じたときに、「あっ、このパターンだ」と落ち着いて対処できる
体質改善②	「○○べき」を洗い出す（べきログ）	**自分の内側にある「○○するべき」「こうあるべき」を書き出して、怒りの大元になっている価値観を浮き彫りにする方法**　❶自分自身がよく思う「○○するべき」「こうあるべき」を思い浮かべる❷思い浮かぶだけ、書き出してみる（数字や細かい表現を使って具体的に）❸怒りの湧く出来事が起こったときも、自分のどのような「○○べき」からきているか、振り返ってみる❹自分にこだわりがあることを知ることで、周りの人にもこだわりがあることを受け容れられるようになる
体質改善③	ストレスを書き出す（ストレスログ）	**ストレスを4つのブロックに振り分けて、見える化する方法**　❶変えられるもの（コントロール可能）か、❷変えられない（コントロール不可能）なものかを分類し、それをさらに、❸a)重要、❹b)重要でない、に分類し、最終的に4分割の表にあらわして冷静・客観的に見てみる
体質改善④	有酸素運動をする（身体リラクセーション）	**軽い有酸素運動を行うことで、ストレスを緩和したりリラックスをする方法**　❶ジョギング❷ウォーキング❸水泳❹エアロビクス❺ヨガ❻ストレッチ❼太極拳など

それは、どんな場面でも動揺せず普段と同じ心持ちで立ち合えること、感情的にならず建設的に竹刀を通して自分の考えを相手に伝えられることを目指しているわけです。そういう意味では、怒りのコントロールは体罰や暴力行為に至らないための手段だけでなく、自分の人間性を高め、剣の道の神髄に近づくことにも繋がるのではないでしょうか。

五郎丸選手のルーティン。見えるものに集中する

ラグビーワールドカップイングランド大会（２０１５）が閉幕しました。日本代表チームは、惜しくもベスト８進出を逃したものの、予選リーグ３勝と新たな日本ラグビーの歴史をつくったことが大きな話題となりました。

その中でも、五郎丸歩選手がプレースキックを蹴る前に行う動作に世界の注目が集まりました。膝を曲げ中腰の状態で人指し指を合わせ…。この『五郎丸ポーズ』と呼ばれる動作、世間の人々にはちょっと不思議に見えたようですが、プレースキックの成功率を高めるうえではとても重要な意味を持っています。五郎丸ポーズで重要な点は、「ポーズそのもの」ではなく「ボールをセットする時点からキックをするまでの動作が順序性を持った一連の動き」であることと、それをどんな場面でも同じタイミングで実行するということです。

五郎丸選手が行っている一連の動作は、スポーツ心理学では「ルーティン」や「パフォーマンス・ルーティン」と呼ばれる集中力の向上を図るために動作法を用いるメンタルメソッドのひとつです。メジャーリーガーのイチロー選手やフィギュアスケートの羽生選手も、動作をルーティン化して自身の心の安定性を高めています（矢野、２０１３を参照）。いまや

多くのスポーツ選手がルーティン・ワークを安定したパフォーマンス発揮のために用いています。ルーティン・ワークとは、「見えないもの（心）を整えるために、見えるもの（動作）に集中する方法」といえます。

五郎丸選手のルーティンは、大学時代にイギリス代表ジョニー・ウィルキンソン選手の模倣から始まりました。当時、彼のプレースキックの精度は今ほど高くはなく成功率70％ほどでした。しかしその後、メンタルトレーナーの荒木かおる氏との出会いによって、プレースキックの成功率は80％にまで向上していきます。では、プレースキックの成功率を向上させた方法とはどんなことだったのでしょう？

五郎丸選手は、ルーティンの動作を6つに分割し、この一つ一つの動作にどれだけ集中できたかを毎日克明に記録・評価する過程を繰り返しながら最適なルーティンを求め改良していきました。そして改良の結果、辿り着いたのが現在のルーティンなのです。

五郎丸選手はルーティンについて「自分の心を整えるのは自分の行動でしかない」と述べ、どんな外的環境（気温、天候、観衆のざわめきなど）や内的環境（プレッシャー、焦り、心の動揺など）にも左右されないためには、「目に見えるものだけに集中することが大切で、それを日々の練習の繰り返しによってトレーニングしていくしかない」と語っています。五郎丸選手ほどのプレーヤーであっても、大きな試合や勝負がかかった場面では、心が動揺し、いつもと同じようにプレースキックを蹴ることが困難になります。だからこそ、改良を重ねてつくりあげられたルーティンのみを正確に行うことだけに集中するわけです。

ルーティンの活用は、剣道の中にも見ることができます。稽古前に必ず行う「黙想」や「素振り」もある意味で剣道人特有のルーティンとも考えることができるでしょう。また、高段者やトップ選手の「構え」の所作をみると、各個人で動作は違えど決まった一連の動作を経て構えが収まっていることがわかります。背筋を伸ばし、下腹（丹田）に力を集中し、剣先を一直線に相手に向けて…などのように。これはまさにその人が修行の中で培った自分なりの「ルーティン」といえるでしょう。近年はこのルーティンを意識的に活用し、安定したパフォーマンスの発揮につなげている剣士も増えてきました。

「稽古に入る前にまずは鏡に向かいなさい」恩師に頂いた言葉を思い出します。それは、稽古に入る前に自分の姿を鏡に映し、攻めと打突のイメージをつくりながら、理想のルーティンをつくりあげる取り組みまでも意図されていたのかもしれません。

言葉の持つ力①　成功をイメージ

「みんな、あの負けた悔しさを思い出せ！」「負けたくなかったら全力で戦うんだ！」試合直前、選手を前にある指導者が発した言葉だとしましょう。一聞、選手のテンションを上げる言葉のようにも聞こえますが、じつは心理学的見地からは必ずしもは有効な言葉かけとは言えません。なぜなら、人の思考は「強くイメージされたものが現実化しやすい」という特性を持っているからです。この場合、選手はみな以前に負けた試合のことを鮮明に思い出し、今回もそうなるのではないかとかえって不安感情を増加させてしまいます。つまり、「失敗のイメージを強化」してしまうわけです。では、どのように言葉をかけることが有効だったのでしょう。

端的に言うと、できるだけ成功した情景を生起させるような言葉かけが有効であると言えます。「さあ、次の試合、これまでの稽古の成果をすべて出し切って最高の試合をしよう」「そして、みんなで輪になって勝利の歓喜を味わおう！」この方が明らかに選手は「成功のイメージ」を強く持ちやすくなるはずです。

指導者とスポーツ選手のコミュニケーションに「ペップトーク（Pep Talk）／競技前に選

手を励ますために使う短い激励メッセージ」を実践的に活用して成果を上げているアスレチックトレーナーの岩崎由純氏は、スポーツ選手がイメージを浮かべやすいのは、「勝ったあと何をしたいか」であり、いくら「今はつらくても諦めずに頑張れ」と言われても、それだけでは何のために頑張るのか明確にイメージできないことを指摘しています（岩崎、2013）。

また、試合中などのかなり強いストレス場面では、何気なくかけた言葉がさらに複雑に選手に影響を与える場合があります。例えば、自分から積極的に攻め込まないと長所が生かされない選手に対して、指導者が「下がるな」「守るな」という否定形の言葉をかけたとしましょう。ところが試合の状況は、前に出るどころか、相手に押し込まれ下がってばかりの展開になっています。なぜでしょう？　指導者の意図がうまく伝わらなかったのか？　じつはそればかりではありません。きわめてストレス度が高く心理的にも混乱するような状況下では、「下がるな」は「下がれ」、「守るな」は「守れ」と同義語のように誤って選手の思考にインプットされる場合があるのです。ですから、この場合にはできるだけ言葉が明確に伝わるように「前に出よう」「攻めよう」と肯定形の言葉かけを行うことが有効といえます。

言語のイメージ化や転換がまだ上手にできない子どもに対する指導では、さらに次のような配慮が必要となります。なるべく「〇〇してはいけない」という否定形の（ネガティブな）言葉を使わず、「〇〇しよう」という肯定形の（ポジティブな）言葉を使うこと。この方が学習効果は促進されやすいことがこれまでの研究からわかっています。つまり、子ども

には「これはダメ」と禁止されたことはわかっても、どうすることが望ましいかまではイメージが形成できないのです。では、子どもの剣道の場面を想定して考えてみましょう。ある子が稽古中にふざけて真剣に課題に取り組んでいなかったとします。それを見つけた指導者が「稽古中にふざけない」「剣道に関係の無い話をしない」と注意するに留まらず、自らが示範を示しながら「こんふうにやってみよう」「これができたらかっこいいだろ」という具合に、できるだけ具体的な目標イメージを与えることが望ましいわけです。

以上のように、強くイメージしたことが現実化しやすいのが人間の思考の特性であることを理解した上で、指導者は対象者にどのようなイメージを強く持たせたいかを考えながら言葉をかける必要があります。指導者が勝たせたい、上達させたいと思って口にした言葉が、かえって望ましい状況とはかけ離れていく場合もあるのが指導の難しさですね。私も日頃からよくそれを実感します。

言葉の持つ力②　ストーリーで語る

マクスウェル・マルツ博士は、医学的な臨床経験を通して、人間の脳にはひとたび目標を掲げると無意識のうちにそれを達成するまで追い続けるというはたらきがあることを発見しました。この原理は、「サイコ・サイバネティクス」と呼ばれ、この原理の応用・実践により、スポーツ心理学領域でもこれまで数多くのトップアスリートやコーチが大きな成果をあげてきました。「サイコ・サイバネティクス」とはギリシャ語で「心の舵取り」を意味し、人には自らが持つ「こころの自動誘導装置」によって、良し悪しに関わらず無意識のうちにセルフイメージ（自らがつくりあげたイメージ）どおりの方向に行動を向かわせる機能があることが述べられています（Maltz, 1997）。

指導者が選手にかける「言葉」の重要性に着目し実践活動を行うアスレティックトレーナーの岩崎（2013）は、選手のセルフイメージが指導者との関係の中でどのように形成されるかについて、その過程を次のような事例を用いて説明しています。

「スポーツではよく〝本番に弱い〟という言葉が使われていますが、指導者が選手に対し〝お前は本番に弱いな〟と言っていると、次第に周囲の人間も〝あの選手は本番に弱い〟と認識するようになります。そしていつしか本人までも〝自分は本番に弱いのだ〟と信じるようになります。本当は全く本番に弱いわけではないのに『こころの自動誘導装置』によってその方向に導かれていくのです。そして、もし成功しそうになっても、〝私は本番に弱いのだから勝つのはおかしい〟と無意識のうちに自らの能力の発揮を妨げてしまうわけです。それだけに指導者が選手にかける『言葉』は選手の潜在能力の発生さえも制限してしまうリスクを秘めているといえるでしょう」。

さらに岩崎氏は、良好なコミュニケーションを構築するためには、指導者は相手の心の状態をしっかり把握した上で言葉を選ぶ必要性を強調し、以下のような短い物語を例として示しています（岩崎、2010）。

「ある少女が、生まれて初めてのピアノの発表会に参加したときの出来事。控え室で出番を待つその少女は、緊張で手が震えていました。それを見つけた先生は、〝手が震えているのは、あなたがそれだけ本気だという証拠なのよ〟と話します。少女がこの発表会を本気で大切に思っていて、今まで練習してきたことをしっかり発揮したいと思っているからこそ、手が震えるのだと。そして、〝だから自分のその本気を信じて、今もっている力を出し切ればそれでいいのよ〟と言って送り出したのです」。

この短い物語の中で少女は、先生の言葉によって勇気づけられ、自信をもって初めてのピアノ発表会に臨めたことでしょう。もし、「こんな大事なときに手が震えてどうするんだ！」「緊張しないでやりなさい」と言われていたらどうだったのか？「緊張しないでやれと言われても…」震えている事実を自覚して少女は、ますます手の震えを抑えることができなくなってしまったことでしょう。

言葉はストーリー（物語）を伴うことで、イメージをより明確で鮮明にしやすいという特性を持っています。そのため、優れた指導者は選手の心にしっかり言葉を届けるために意識的にストーリーで話すことを重要視しています。そもそも言葉とは「単語の連続」に過ぎません。けれど、その単語の連なりが人の心をエモーショナルに動かすのは事実。言葉は大きなエネルギーを持っていて、発せられた言葉によって人は影響を受け、ときにその人の覚悟までもが瞬時に決まる場合がありまする。言葉が他人の一生を左右する場合があるとするならば、その単語の連続がつむぐ「言葉」ひとつひとつに、丁寧に心を配りながら大切にする必要がありますよね。

プレッシャーに強い子に育てる。子は親の鏡。ミラーリング

「プレッシャーに強い子にするためにはどうすればよいのでしょう？」

子どもの親からそんな相談を受ける時があります。目に見えない「プレッシャー」というものに打ち勝つことはそうたやすくはありません。スポーツ心理学者の児玉（2011）は、プレッシャーに強くなるための10のメッセージを紹介し、これを毎日数回、読み返す習慣をつけることを推奨しています。

①私は、つねに結果ではなく、目の前のプレーに集中できる

人は結果をコントロールすることができません。コントロールできるのは目の前のプレーだけ。結果に一喜一憂している限り、プレッシャーをコントロールすることはできないのです。

②私は、失敗を怖がらない

プレッシャーに弱い子どもは常に失敗を恐れています。けれどほとんどの場合、失敗しても何も失わないのです。むしろ失敗することによって学ぶことの方が多いのです。

③私は、プレッシャーがかかったときにこそ、実力を出せる

プレッシャーがかかるとエネルギーが身体に満ちあふれ集中力も高まりますが、ほとんどの人がこれをまずい形で表に出してしまいます。プレッシャーのかかった時ほど自分の才能を開花させるチャンスなのです。

④私は、人の評価（声）をまったく気にせず、プレーできる

プレッシャーに弱い子どもの特徴は、まわりの人を気にしすぎること。いつも親やコーチの顔色をうかがっています。まわりの人の評価を気にせず、目の前のプレーに没頭するように促してあげましょう。

⑤私は、ピンチを楽しむことが好きだ

ピンチを脅威と感じるか、楽しみと感じるか、それは思考パターン次第です。プレッシャーがかかったとき、そのピンチを楽しむことの大切さを子どもに教えてあげましょう。

⑥私は、負けが決まったときでもベストを尽くせる

負けが決まったときに気持ちのこもらないプレーをしていると、肝心な時にもそれが出てしまう。たとえ、敗北が決まった後であってもプレーの最善を尽くす必要があります。

⑦私の心には、いつもあふれんばかりの自信がみなぎっている

トップ選手と並の選手の違いは才能だけではありません。それより大きな要素は「自信」かもしれません。勢いのある時もピンチの時も、同じ自分であることを忘れてはいけません。

⑧私は、最高のプレーをするために、心身をいつも最高の状態にしている

トップ選手は常に心身を最高の状態にチューンナップしています。気を許して不摂生をすると思わぬ敗北を喫するのがスポーツの世界。節制や行動の自己管理がプレッシャーを克服し成功へと導いてくれます。

⑨私は、儀式のように淡々とプレーすることができる

行動パターンを儀式化（ルーティン化）すれば、思考パターンも安定してきます。黙々と同じリズムで目の前のプレーに没頭することでプレーがうまく運ぶようになります。

⑩私の感情（気持ち）は、どんなときでも安定している

「怒り」や「落胆」がプレーを失敗に導きます。悪い結果に過剰反応せず、黙々と目の前のプレーに没頭することこそ、プレッシャーを消し去る大きなヒントなのです。

『子は親の鏡』という言葉があります。これは、親の行動は子どもの行動に、まるで鏡のように反映されるということです。子どもは無意識に親の行動を取り込んで、それをそのまま真似るのです。心理学ではこれを「ミラーリング（mirroring）」と呼びます。

ですから、「プレッシャーに強い子」に育てるためには、親がまず普段からピンチでも弱音を吐かずプレッシャーに打ち勝つ様子をみせることが求められます。「親はできないけれど…子どもには…」これはちょっと矛盾していますよね。一番近くにいる「親」の姿、子どもはしっかり観察しているのです。

第五章

惻隠の情。人を思いやる心とは

人の行動を変容させるコツ①　行動変容のすすめ

桜の花と共に新しい年度がやってきました。誰もが気持ちを新たにする春の季節、「何か新しいことを始めようか！」そう考える人も多いのではないでしょうか。しかし、新しい行動を起こそうと考えても、その思いを行動へと結びつけることは難しいものです。行動を起こせない自分を「根性がない」「意志が弱い」と責めたりして…。じつは、「新しいことが始められない」「長続きしない」ことは、必ずしも根性や意志だけの問題ではなく、その進め方（方法論）が良くないのかもしれません。人が新たなチャレンジを成功させるためには、これまでの「行動を変える」必要があります。これを行動科学の分野では「行動変容」と呼んでいます。

プロチャスカとディクレメンテ（Prochaska & DiClemente, 1983）という二人の心理学者は、「人はどのようにして自らの行動を変えながら目標を達成していくのだろう？」この純粋な疑問から行動変容の研究をスタートさせ、後に、彼らの研究は世界中で注目・活用される「行動変容モデル」へと発展していきます。それが「トランスセオレティカル・モデル（Transtheoretical Model：TTM）」です。このモデルでは、人が新たな目標を達成するために、どのように自分の行動と考え方を変えていくべきかが具体的に示されています。TTMは、「変容ステージ」、「変容プロセス」、「意志決定バランス」、「セルフエフィカシー」の4つの構成要素から成り立つ包括的なモデルですが、本稿では、「変容ステージ」について解説します。

【変容ステージ】

人の行動とは、ある時突然変わるものではなく、いくつかのステージ（段階）を経ながら徐々に変わっていきます（図1）。行動の変容ステージは5つのステージに分けられています。各ステージの内容と特徴を以下に示しました。

①前熟考ステージ

行動を変えようとする意図やその必要性を感じていない段階であり、「ある行動を現在行っていないが、今後も行うつもりがない」状態を指す。

②熟考ステージ

行動を変える意図があるのが特徴で、行動を変えるかどうかを考え始めている。「ある行動を現在行っていないが、今後は行うつもりがある」状態を指す。

③準備ステージ

行動を変える準備が整ってきた状態で、「不定期に行っている、もしくは今後すぐに行うつもりである」状態を指す。

④実行ステージ

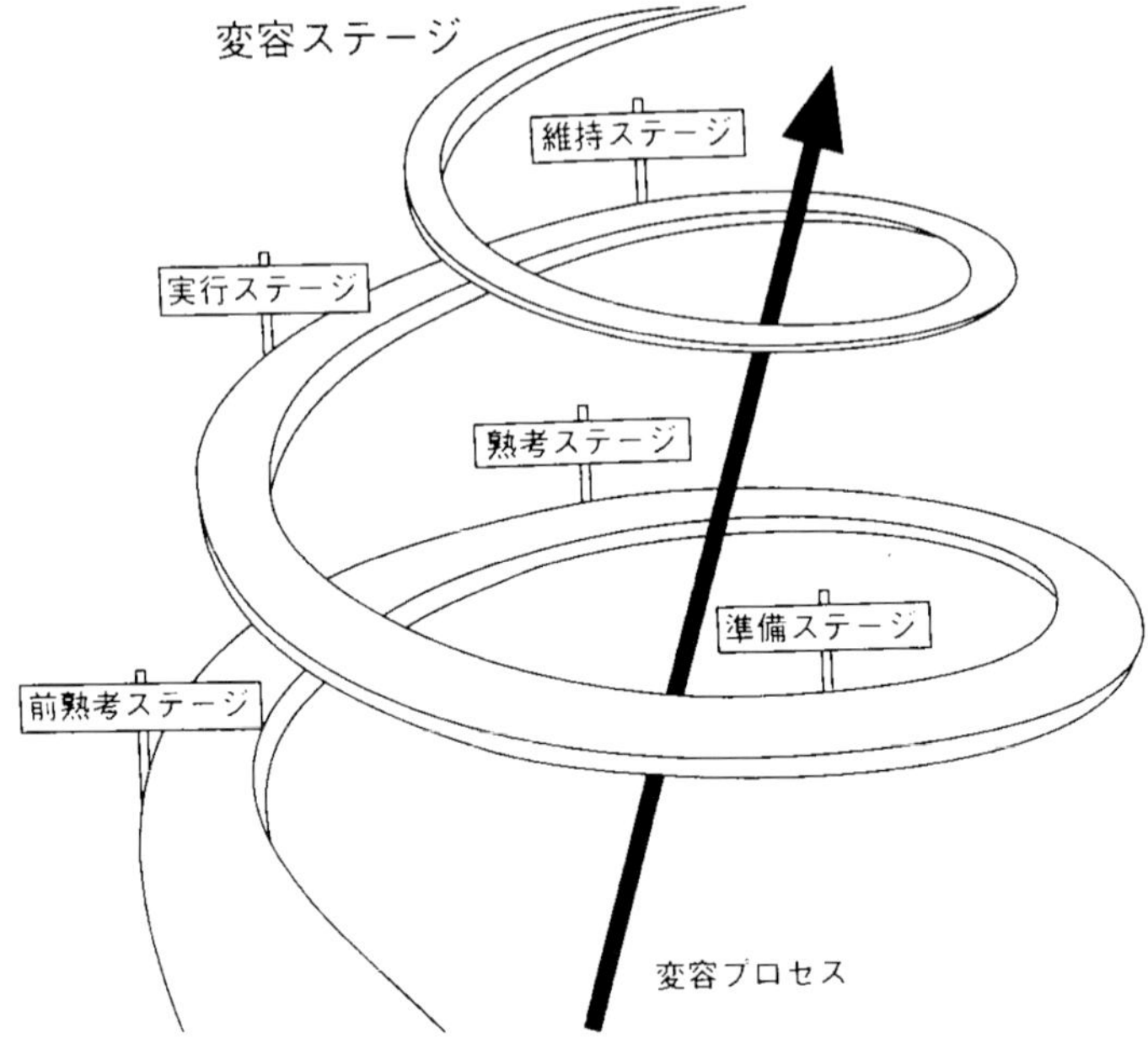

図１　変容ステージの概念図（プロチャスカからの概念をアップしました。竹中が作図、2005）

すでに行動を変え続けているが、まだ定着はできておらず、「定期的に行っているが、まだ始めたばかりである（6ヶ月未満の継続）」状態を指す。

⑤維持ステージ

行動の継続が習慣化され、それによる恩恵も認識され、「定期的に継続して行っている（運動の場合に、一般的には6ヶ月以上の継続）」状態を指す。

ステージ変化は前期ステージ（①前熟考ステージ、②熟考ステージ）から後期ステージ（③準備ステージ、④実行ステージ、⑤維持ステージ）へと直線的に移行するのではなく、その間には、停滞したり、逆戻りしたりを繰り返しながら、「らせん状」に移行するといわれています。

行動変容において重要な点は、必ずしも順調にステージを登っていけるわけではないことが十分に想定されていること。ですから、そんな時にはあきらめずに今できることをできる頻度で継続していくスタンスが求められます。それが望ましい行動変容に至るチャンスを拡大することに繋がるのです。まずは、新しいチャレンジを達成するために、現在あなたがどのステージにいるのか自己分析してみてはいかがでしょう。

人の行動を変容させるコツ②　行動変容を促進させる3要素

前稿では、「行動変容モデル」である『TTM』をベースに、人が自らの行動を変えていくしくみを「変容ステージ」によって説明しました。本稿では、行動変容を促進するために求められる具体的な方法について話を進めていきます。新たな行動を発生させ、それを継続・習慣化させるには、「行動変容プロセス」、「セルフエフィカシー」、「意志決定のバランス」の3つの要素がポイントとなります。以下にそれぞれの内容を解説しました。

①行動変容プロセス（10の方略）

表1には行動変容を起こすために必要な10の手だてを示しました。これらは「経験的プロセス①～⑤―考え方や感情に関係する手だて」と、「行動的プロセス⑥～⑩―行動の継続方法に関係する手だて」に分類されます。そしてこれらをどのタイミングで用いると効果的かというと、経験的プロセスは、まだ行動変容が起きていない初期ステージ（前熟考、熟考ステージ）の段階で用いることが有効で、「これをした方が自分にとって有益だ」という考え方や気持ちを強めることで、行動変容が始まる「きっかけ」を生成します。また、行動的プロセスは、もう行動変容が始まり継続している後期ステージ（準備、実行、維持ステージ）

の段階で用いることが有効で、行動の継続を妨げる要因を排除するための取り組みを強化していくことで、変容した行動が安定して継続・習慣化されます。

②セルフエフィカシー

セルフエフィカシーとは、『できる』という見込み感（自己効力感）のことで、「自信」に近い概念と考えられています（Bandura, 1977）。ＴＴＭの中では特に、行動を妨げる要因（バリア）の克服にセルフエフィカシーが大きく関わっています。例えば、〝私はどんなに疲れていても、時間がなくても、道場に足を運んで稽古をしている〟そんな自分を改めて認めることで、「私はできる」という見込み感、つまりセルフエフィカシーを増加させるのです。これまでの研究から、セルフエフィカシーの増加が新たな行動の発生→変容→継続→習慣化（行動変容ステージの望ましい移行）に強く関与していることが確認されています。

③意志決定のバランス

意志決定バランスとは、行動の意志決定に関与する恩恵（メリット）と負担（デメリット）の知覚バランスのことです。人は行動を起こす際、その恩恵と負担を天秤にかけて、「やるか・やらないか」を決定しています。先行研究から、行動の継続と習慣化が進む（後期ステージに移行する）に従って、負担の知覚が低下し、逆に恩恵の知覚が上昇することが明らかになっています。

剣道でも始めたばかりでぜんぜんうまくいかない頃には稽古は苦痛でしかありません（恩恵＜負担）。けれど、徐々に新たな技を覚え、試合でも勝つようになると、剣道が楽しくな

表1　変容プロセス（10の方略）

	プロセス	定義および例
経験的プロセス	①意識の高揚	行動に関する情報を収集し、気づきを高める Ex. 剣道している友人から剣道の話を聴いたり、剣道雑誌を読み情報収集する
	②感情的体験（ドラマティック・リリーフ）	問題行動が引き起こす結果による不安や恐怖などの負の感情を体験する Ex. 運動もせず、趣味も持たないことで、病気になる可能性が高まることを考える
	③自己再評価	行動を変容させることで自分自身にどのような恩恵があるかを評価する Ex. 剣道を始めることで自分の生活がどのように変わっていくかをイメージする
	④環境再評価	行動を変容させることで、周囲にどのような恩恵があるかを評価する Ex. 剣道を始めることで、家族や友人にどんな良いことがあるかを考える
	⑤社会的解放	自分を取り巻く社会的環境がどのように変化しているかに気づく Ex. 自分の生活や志向に合った道場や稽古会があることを知る
行動的プロセス	⑥反対条件づけ	問題行動に替わるような代替行動を取り入れる Ex. 休日は自宅でごろごろせず、地域の稽古会で多くの剣士と剣を交える
	⑦援助関係	行動変容のために周囲からのサポートを得る Ex. 稽古を行っている間、親や友人に子どもの世話をお願いする
	⑧強化マネジメント	行動変容が成功した際に自己報償、あるいは他者からの報酬を受け取る Ex. 3ヶ月稽古が続いたら新しい竹刀、1年で剣道着・袴を自分にプレゼント
	⑨自己解放	周囲に行動変容することを意思表明する Ex. 来春に昇段審査を受けることを家族や友人に宣言する
	⑩刺激コントロール	問題行動のきっかけとなるような状況や原因を抑制し、容易に行動変容できるように環境を操作する Ex. 玄関の一番目立つ所に剣道具を置いておく

変容プロセスの定義は、Burbank, Padula, & Niqq (2000) が示したもの。例は定義を踏まえて著者が作成

って稽古にも一生懸命取り組むようになります（恩恵∨負担）。こうなると、たとえ試合で負けても「次は勝ってやる」とばかりにさらにハードな稽古を自分の意志で行おうとします（恩恵∨∨負担）。このように、はじめは大きかった負担の比重が、徐々に恩恵の方に傾いていき、それと並行して行動も変化し習慣化に至るわけです。

さて、実際にこんなストーリーがありました。「子どもの剣道教室の送迎をしていたお母さんが、普段全く運動していない自分を省み、私も剣道を始めてみようかと考え始める。教室の指導者にも相談し、子どもの薦めもあり入門を決意。子どもと一緒に剣道を始める。しかし、仕事が忙しくなり子どもの送迎が精一杯に。それでもなんとか2週間に1度の稽古を継続。やがて、子どもは学校の部活に入り、仕事に余裕もできた。稽古の回数を増やし昇段審査にも合格。稽古が生活の一部になってきた（痩せた、ストレスも発散、剣道仲間もできた）。次はさらに上の段を目指して一層稽古に励む。いつの間にか剣道がいきがいになり人生に不可欠なものとなった」。

どうですか、「行動を変容させるコツ」を知った今、何か新しいことにチャレンジしてみてはいかがでしょう。

惻隠の情。人を思いやる心とは

新渡戸稲造（にとべいなぞう）は、日本の伝統的な精神を欧米人に広く理解してもらうために、『武士道』（1900）を英文で著し、武士道精神を世界に広めた人です。その著書の中で、武士道精神には、「惻隠の情（そくいんのじょう）」がその中核をなすものであると述べられています。「惻隠の情」とは「弱者、敗者、虐げられた者への思いやりと共感」という意味で、相手の立場になってものごとを感じとるという感覚です。「人を思いやる心」と言い換えるとわかりやすいでしょうか。

この「人を思いやる心」は、現代剣道にも引き継がれています。剣道では競技中、どれだけ素晴らしい有効打突を放っても、相手に非礼な態度を取ればたちまち有効打突が取り消されます。ガッツポーズなどもこれに該当します。同じ道を志す同士が全力を尽くしてたたかい、その結果として勝敗はつくけれど、両者は勝ち負けを超えて互いに相手に対して尊敬の念を抱く。剣道ではこれこそが尊いと考えられているのです。ですから、負けた相手の目前であからさまに喜びの態度を示すのは仁義に反する、つまり「惻隠の情」に欠けているわけです。この事実、他の競技をしている人は、剣道界がここまで貫いている姿勢にたいへん驚きます。

他のスポーツでも日本人の「惻隠の情」が垣間みられたエピソードがあります。それは、2011年FIFA女子ワールドカップドイツ大会で日本が決勝でアメリカをPK戦の末に破り、優勝を決めた直後のこと。優勝した日本チームのメンバーが歓喜する中、宮間あや選手（現岡山湯郷Belle所属）だけは、意気消沈した旧知のアメリカ選手達に歩み寄り、彼女たちに敬意を表しながらねぎらったのです。

宮間選手の取った行動は、これまで自分も経験した敗北という感情に鑑み、どれだけ相手チームの選手が辛いかを察したからこそ自然に発生したものだったはずです。この様子を米国「NBCニュース」が大きく取り上げ、「これは日本の文化的なもので、勝利を相手に見せつけず心からなだめる奥ゆかしい日本の傾向」と賞賛され、ネット上でも大きな話題となりました。「惻隠の情」は、日本人が長い歳月の中で育んできた武士道精神の根幹であり、世界に誇るべきものでした。

しかし、今や日本人が古くからとても大切にしてきた「惻隠の情」という言葉を知る人は少なく、「死語」とまでもいわれています。〝日本人は「惻隠の情」をなくしてしまったのか！〟そこまでは思いませんが、希薄になりつつあるのはたしかかもしれません。

そんな中、平成24年度から全国の中学校で、男女すべての生徒を対象として武道が必修化されました。そして、文部科学省が定めた教育課程（カリキュラム）を編成する際の基準である『学習指導要領』の内容には、技術の習得だけでなく、相手を尊重し、伝統的な行動の

仕方や考え方までも武道の授業で学ばせることが目標として掲げられています。それは、この現代社会で希薄になりつつある「惻隠の情」をはじめとする日本人の心を武道の授業実践を通して取り戻そうとしているとも読み取ることができます。武道必修化に向けて早々から検討会を立ち上げ、多くの議論と様々な教育・研究についての取り組みを継続してきた全日本剣道連盟の尽力もあり、現在では多くの生徒が剣道に親しみ、剣道授業を通してその理念が広がっています。まずは剣道をしている人が改めてこの考え方を意識し実践していく必要があるはずです。

目指すところ、「剣道をおしえる」だけでなく「剣道でおしえる」。これができたらどんなに素晴らしいことでしょう。

真の豊かさ。心の豊かさ

それは学生の剣道大会での出来事でした。選手達は正々堂々、ひるむことなく真っ向勝負を繰り広げていました。けれど力及ばず思い通りの結果を残せませんでした。がっくりとうなだれる選手達。

そんな中、閉会式後に審判で来ていた剣道部の卒業生から私にひとつの茶封筒が手渡されました。「学生はよく頑張っていました。その姿は勝敗を超えて評価すべきものです」「これはOB・OGで集めた気持ちです。わずかですが、どうぞ学生をねぎらってやって下さい」。審判に来ていた先輩達は、後輩達の頑張りに共感しみんなでカンパをしてくれたのでした。先輩達はきっと、後輩達のたたかう姿に心を重ね合わせ、自分も学生時代に経験した感情をありありと想起させ、その思いに応えるために何かしてあげたくなったのでしょう。少しよれた茶封筒を受け取りながら、私は心の奥から熱いものがこみ上げてくるのを感じました。

日本を代表する心理学者のひとりである本明寛氏（早稲田大学名誉教授）は、著書『自分を豊かにする心理学—ゆとりと生きがいをつくる知恵』の中で、現代人が求める「真の豊かさ」とは何かについてこのように述べています。それは、一言でいうならば、モノを持つという豊かさから「心の豊かさ」への転換であるということ。

「真の豊かさとは何か？　私はこう思う。それは心の豊かさであり、心のゆとり、あるいは精神的蓄積の大きいことである。心の豊かな人は、かかわりをもっている、より多くの人と交流がある。人から愛され、人から尊敬される魅力をもっている。現在の日本では、モノの切れ目が縁の切れ目になっている。人と人とが親和の関係をもつと、どのように心が豊かになるかという事実を、特に科学的根拠を持ち出して立証することもあるまい。あの母親を思う幼児の姿、それを受容する母親の態度をよく認知してほしい。この体験こそ、心の豊かさの一つの例となろう。あの人のそばにいたい、行きたいと思う心に応じられる心こそ豊かな心の持ち主である。他者から慕われる人間になることこそ、心の豊かさをもつ人間になる大きな条件なのだ」。

そして、本明氏はさらにこう続けます。「人間は限定した生命をもって生まれてきた。死は人間の逃れられない運命である。しかしその人がなくなっても、その人が心の中に生きつづけ、その人を思い出すことによって心が暖まるような人、その人は心の豊かな人である。人を愛そう、人を信頼しよう、そしてときどき自分のしていることを自覚しよう。できることなら、他人に与える機会があれば、精神的貯蓄を分け与えよう。人と手をにぎろう、人に暖かい言葉をかけよう、私も豊かさを生涯かけて努力して追求したいものです」。これが、94歳でこの世を去るまで「心の豊かさ」を追い続けた心理学者の残した言葉です。

今回私が心動かされた先輩の後輩に対する心遣い、一方で先輩達の気持ちをしっかりと受け止め、今後さらに精進しようとする学生達の決心、これらの心のやりとりは、これからも循環しながら受け継がれていくことでしょう。

本明氏の言葉をなぞりながら、私は他界した剣道の師のことを思い出しました。いつも厳格で、ときにやさしく、精一杯の愛情をもって育ててくれた師。先生は私に剣道以外にも多くのことを残して下さいました。どれだけ時が経っても、思い出すたび感謝の気持ちに満たされ、同時に心があたたかくなるのを感じます。

あなたにも心の中にいつまでも生き続ける「心の豊かな人」、そういう人はいらっしゃいますか。そしてまた、だれかの心をあたたかくできるような、そんな心の豊かさを持った人になれるよう力を尽くしたいものですね。

運動好きの理由。運動嫌いの理由

現在、我が国では日常的に運動をしない児童・生徒が数多く存在することが問題視されています。平成27年度全国体力・運動能力、運動習慣調査によると、1週間の総運動時間が60分に満たない小学生は、男子6・6%、女子13・0%を占め、その割合は中学生になるとさらに増加します（男子7・1%、女子21・0%）（文部科学省、2015）。さらに、運動の好き・嫌いと運動時間、体力との関係をみると、運動が好きな児童生徒ほどよく運動し、体力レベルも高いことが明らかになっています。

スポーツ心理学の杉原（2008）は、なぜ運動好き・運動嫌いになるのか、それはその後の人生にどのように影響を与えるのか、心理的側面に注目した研究を行っています。

①運動が好きになるきっかけ

運動が好きになったきっかけとして、3つが挙げられています。最も多かったのは「能力」に関する事項で、〝泳げるようになった〟〝跳び箱が跳べるようになった〟などがそれにあたります。2番目は「運動のおもしろさ」で、その運動独自の醍醐味や魅力に気づくことです。3番目は「対人的交流」で、仲間やチームメイトとの信頼や助け合いを通して、その運動自体が好きになるというものです。

②運動が嫌いになるきっかけ

運動が嫌いになったきっかけとしての1・2番目(同数)は、〝水泳で溺れかけた〟〝鉄棒から落ちた〟などの「恐怖」を伴った事項と、〝頑張ったのに最後まで泳げなかった〟〝みんなの前で恥をかいた〟などの「能力」に関する事項でした。これらに継いで3番目は、「汎化《はんか》(generalization)」に関する事項でした。汎化とは、〝競争ではいつもビリでそのうち体育の授業も嫌いになった〟〝ボールが激しく顔にあたってボール恐怖症になり球技すべてが嫌いになった〟など、嫌いになる対象が広がっていくことを意味しています。

③運動好きと運動有能感

「運動が好き」という快感情が生じるとともに運動有能感が形成されます。運動有能感とは、運動の上達・成功体験から生まれる、「やればできる」という自分に対する自信のことで、これは活動的・積極的な行動傾向や低い劣等感と結び付いています（杉原、２０００）。運動有能感は、幼児期・児童期の運動経験によってその基礎がつくられるので、子ども時期に経験した「できた！」「やった！」のような運動の上達や成功体験が運動有能感を高め、運動だけでなく日常でも自信を持って積極的に行動することにまで拡大すると考えられています。

④運動嫌いと学習性無力感

「運動が嫌い」という背景には学習性無力感のメカニズムが働いています。学習性無力感と

は、自力では回避できない嫌悪刺激に長期間さらされ続けることで無気力が学習され、自発的にやる気や行動を生起させなくなることです（Seligman, 1967）。つまり、〝いくら練習しても上達しない〟〝試合でも負けてばかりいる〟などの経験を繰り返すことで、「努力しても無駄」という考え方が生まれ、それはやがて、運動が嫌いになるだけでなく、何に対しても無気力的な性格を形成していくのです。運動嫌いも無気力な性格もその原因は学習性無力感だったのです。

　このように、運動が好き・嫌いの感情は、単に運動に関することだけでなく、その後の人生に対する考え方や態度にまで影響を与えています。それだけに、子ども時期にどれだけ成功経験を自覚し、「できる」という見込み感を育てていくかが重要なのです。指導者は子どものわずかな上達にも目を留めて、それをしっかりと認めてあげることが肝心です。それによって子どもはやればできる自分を明確に認識することで、「運動が好き」「剣道が好き」という感情を生成し、自己肯定感の上昇へと繋げていくことでしょう。

突然死、がん。キラーストレスの脅威

現在、「仕事でストレスを感じている」と回答した人は、なんと84％にも上ります（NHK世論調査）。この現代社会でストレスと無縁な生活を送ることはきわめて困難で、我々は日常的に強いストレスに曝されながらこれに打ち勝つ方法を模索しています。2016年6月18・19日放送された「NHKスペシャル キラーストレス」はとても大きな反響を呼びました。このことからも、現代人のストレスに対する関心の高さが窺えます。番組の内容は健康心理学・運動心理学の観点からも非常に興味深いものでした。以下にその概要をレビューしながら、ストレスが心と身体に与える影響について解説します。

ヒトはストレスを受けると恐怖や不安を感じた時に活動する脳内中心部の「扁桃体《へんとうたい》」という部分が反応します。この扁桃体の反応は体内全体に広がり副腎はストレスホルモンを分泌します。その結果、心拍数が増加し、血液は固まりやすくなり、自律神経は興奮し血圧の上昇を促します。この機能の歴史は狩猟時代にまで遡ります。その時代、祖先は生き延びるためどう猛な動物など天敵との戦いを余儀なくされました。そして戦いに直面した時、ヒトはストレス反応によって瞬時に身体を動かせるよう心拍数を増加させ興奮状態をつくり、ケガ

による出血を素早く止める術を身に付けたのです。つまりこれは、ヒトが命を繋ぐために進化させた身体のしくみといえます。けれど、そのしくみは命の危険が無くなった現代でもなお身体に残ったまま。天敵と戦うために働いていたしくみが、精神的な重圧を受け、恐怖や不安を感じた時に働くようになったのです。これが現代人の身体で起こっているストレス反応です。

今、世界中で「キラーストレス（Killer stress）」研究が加速しています。キラーストレスとは、複数のストレスが積み重なった時に起こるストレス反応の暴走です。例えば、日々の仕事に追われ、睡眠不足が続いていたとします。そこに追い打ちをかけるように新たな複数の出来事（ストレス）が重なったような場合がこれにあたります。1つのストレスだけであればストレス反応はすぐに収まりますが、複数のストレスが重なると副腎からストレスホルモンがとめどなく溢れ、体内に大量に蓄積し血圧が異常に高まります。その上昇に心臓や脳の血管が耐えられず破裂すると大出血が引き起こされます。また自律神経の異常な興奮によって心不全を招く場合もあります。さらに驚くことは、ストレスががんの進行にも強く関与していること。本来、ヒトの免疫にかかわる「ATF3遺伝子」は、がん細胞の増殖を食い止める働きをしていますが、ストレスホルモンが増えるとATF3遺伝子はがん細胞への攻撃を止めてしまいます。その結果、がん細胞の増殖が進行してしまうわけです。ストレスは免疫細胞にも影響を与えていたのです。

そろそろ、ご自分のストレス度が気になってきたのではないでしょうか。そこで、精神科

ライフイベント✓ストレスチェック

配偶者の死	83	法律的トラブル	52	社会活動の大きな変化	42
会社の倒産	74	３００万円以下の借金をした	51	職場のOA化	42
親族の死	73	上司とのトラブル	51	家族構成の変化	41
離婚	72	抜てきに伴う配置転換	51	子供が新しい学校へ変わる	41
夫婦の別居	67	息子や娘が家を離れる	50	法律違反（軽度）	41
会社を変わる	64	結婚	50	同僚の昇進・昇格	40
自分の病気や怪我	62	性的問題・障害	49	技術革新の進歩	40
多忙による心身の過労	62	夫婦げんか	48	仕事のペース、活動が増えた	40
３００万円以上の借金をした	61	家族が増える	47	自分の昇進・昇格	40
仕事上のミス	61	睡眠習慣の大きな変化	47	妻（夫）が仕事を辞める	40
独立・起業する	61	同僚とのトラブル	47	仕事の予算不足	38
単身赴任	60	引っ越し	47	自己の習慣の変化	38
左遷	60	住宅ローン	47	個人的成功	38
家族の健康や行動の大きな変化	59	子供の受験勉強	46	妻（夫）が仕事を始める	38
会社の立て直し	59	妊娠	44	食習慣の大きな変化	37
友人の死	59	顧客との人間関係	44	レクリエーションが減った	37
会社が吸収合併される	59	仕事のペースが変わった	44	仕事の予算の充実	35
収入の減少	58	定年退職	44	長期休暇	35
人事異動	58	部下とのトラブル	43	職場の人が増える	32
労働条件の大きな変化	55	仕事に打ち込む	43	レクリエーションの増加	28
配置転換	54	住宅環境の大きな変化	42	収入の増加	25
同僚との人間関係	53	職場の人数が減る	42		

医の夏目教授（ストレス度評価研究）が作成した「ライフイベント ストレスチェック」（2008）を使ってどれだけストレスが蓄積しているかを調べてみましょう。この1年間で経験した項目をチェックし、ストレス点数を合計してみて下さい。このチェック表は、「NHKスペシャル シリーズ キラーストレス」ホームページに掲載されていますのでご参照下さい。

【評価基準】　260点以上—要注意

300点以上—病気を引き起こす可能性あり。

チェックしながら気づいた方もいるでしょう。必ずしも苦しいこと辛いことだけがストレスになるのではなく、楽しいことや喜びもストレスになるのです。

次稿では最新の「ストレス対策」をご紹介します。この具体的なストレス対策、じつは「剣道」とも結び付いています。

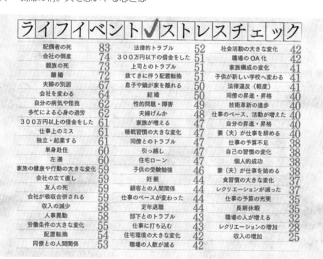

剣道でストレス対策。運動とマインドフルネス

前稿では、ストレスが複数に重なったとき「キラーストレス」となってストレスの大暴走を引き起こし、それが引き金となってヒトの命さえも奪うことを「NHKスペシャル キラーストレス」をレビューしながら解説しました。今稿はストレスの心理面に及ぼす影響がテーマです。さらに、世界中で実施され大きな成果を収めている最新のストレス対策の方法についてもご紹介します。

アメリカ心理学会では、有効なストレス対策として、①ストレスの原因を避ける、②笑う、③サポートを得る、④運動、⑤マインドフルネス、の5つを推奨しています。①〜③はごく基本的でよく知られたものですが、今回は特に④、⑤の「運動」と「マインドフルネス」に焦点を絞ってお話します。

ストレスに有効な運動とは、身体に少し負荷を与えるくらい（少し息が上がるくらいの強度で実施する有酸素運動）を、1回30分、週に3回以上実施することです。米国大学研究機関の研究結果によると、この取り組みを6ヶ月間継続することで、自律神経の興奮が収まり、ストレス反応の暴走を抑え、心臓、脳、肝臓などの臓器を守る効果が確認されました。さら

に驚くべき事実は、運動が脳（神経細胞）の構造まで変化させることです。つまり、運動は身体機能に効果があるだけでなく、認知機能にも作用するのです。

これを剣道の稽古で考えてみるとどうでしょう。上手の先生に懸かる際には、息が上がり運動強度は十分確保できそうですが、子どもの基立ちだけでは少々運動強度が不足するかもしれません。地稽古は思いの外、運動強度が低く、剣道でストレス低減効果を得ようとするのであれば、有酸素運動の要素を念頭に置いて、あえて息が上がるくらいの打ち込みや掛り稽古などを追加することが必要かもしれません。

マインドフルネスは、瞑想をベースに心にゆとりを生み出すためのプログラムとして世界中で広く用いられ、それはストレスに対して驚くべき効果を示しています。マサチューセッツ州立大学医学部では、マインドフルネスをストレス低減プログラムとして治療につかっていますが、これを8週間継続した後、実施者の身体の不調は35％、心の不調は40％改善したことを報告しています。けれど、マインドフルネスの実施方法は決して難しいものではありません。ⓐ背筋を伸ばして、両肩を結ぶ線がまっすぐになるように座り、目を閉じる。ⓑ呼吸をあるがままに感じる。ⓒわいてくる雑念や感情にとらわれない。ⓓ身体全体で呼吸するようにする。ⓔ身体の外にまで注意のフォーカスを広げていく。たったこれだけなのです。ポイントは、ただ「今」に注意を向けること。これだけで脳は劇的な変化を遂げるのです。このⓐ～ⓔを一連のプログラムとして、まずは1日3分位から始めてみてはいかがでしょう。詳細は早稲田大・熊野宏昭教授が「NHKスペシャル　キラーストレス」HPで「マインドフルネス入門」として分かりやすく紹介していますのでご参照下さい。

ストレスによる心身の不調を防止するためには、マインドフルネス（瞑想）を日常生活の中に組み込んでいくことが効果的ですが、マインドフルネスで用いる心の持ち方は、もともと武道の中に存在していたものです。それだけに、日頃の稽古で黙想を行っている剣道人にとっては、マインドフルネスの実践はそれほど難しいものではないはずです。ほんの少し意識するだけで、

普段の稽古が「ストレス対策」になるなんて、新たな剣道の価値が見いだされた気がします。

モチベーションビデオで最高の自分をモデルにする

デジタルビデオの発展や映像加工技術の進歩によって、様々な意図や目的を持った「モチベーションビデオ（motivation video）」が多様なメディアやサイトで視聴することが可能になりました。モチベーションとは、「やる気」や「動機づけ」を意味し、モチベーションビデオとは、その映像を観るだけで気持ちが高揚し、わくわく感と共にやる気がみなぎってくるような映像を意味します。

スポーツ界では、技術習得やパフォーマンスの向上にモチベーションビデオを活用していて、その方法論と効果に注目が集まっています。永尾（２００３）は、サッカー選手のやる気の向上を目的とした実践研究を行っています。まずは、選手の良いプレー映像を集め、それに高揚感が高まるような音楽を加え一本のモチベーションビデオを作成します。そして、それを選手に視聴させることで、試合の成績が大きく向上したことを報告しています。

運動心理学領域におけるモチベーションビデオの研究は、ダウリック（Dowrick, 1983）の提唱した「セルフモデリング（self-modeling）理論」がベースになっています（山崎ら、２００９）。モデリングとは、他者をモデルとしてその行動をよく観察することで、観察者である自分の学習を進展させていくことです(観察学習)。

セルフモデリング理論で強調されている点は、「モデルの類似性効果」です。これは、観察しているモデルが自分によく類似していると感じる時に、最もモデリングの効果が高いということ。つまり、最も自分に類似しているのは自分自身ですから、自分の良いプレーや動きを映像化し、それをモデルとして学習することが「究極のモデリング」になるわけです。しかし、どうでしょう。初心者などまだ技術レベルが低い場合は、自分自身が理想のモデルにはなり得ません。そのために、映像上で理想の動きをつくり出すという方法が考えられたのです。

ダウリック(1997)は、ある高校体操選手に着目して以下のような研究をしています。この選手は、空中での宙返りには成功していましたが、うまく着地がきまりませんでした。そこで、その選手が走り、ジャンプし、ひねり、着地を様々なアングルからビデオに記録し、その中で一番良い場面を繋ぎあわせ、最高の演技映像をつくりあげました。そして、この自分の最高のパフォーマンス映像を繰り返し観ることで、その選手は練習でも試合でも演技を成功させることができるようになったのです。

ダウリックはセルフモデリングの活用として、以下の2つをあげています。

1、「ポジティブセルフレビュー(positive self review)」—ある一連の行動(パフォーマンス)から失敗(ミス)した部分を取り除き、最も調整された行動を視聴する。

2、「フィードフォワード(feedforward)」—すでに獲得しているスキルを映像上で再構成

して、まだ獲得していないスキルをつくり出す。

スポーツ心理学領域でのセルフモデリングは、体操やフィギュアスケートなどの相手を伴わないクローズドスキル系の種目で多く用いられ、その効果が実証されています。剣道は対人的なオープンスキル系種目ですから、状況としては異なりますが、例えば、立ち合いの一部分を切り取ったり、一定の想定の下での技術練習などの場合には、活用可能だと考えられます。

誰もが、自分の理想どおりの打突が見事に決まる映像を、頭の中でイメージしたことがあるはずです。そのイメージを目に見えるかたちに映像化し、それをモデルとしながらまだ自分が獲得していないスキルを身につけていく。これが、セルフモデリング理論の究極の活用法といえます。

危機で心理的成長。スポーツ選手の転機

スポーツ選手は、競技生活の中では必ずと言っていいほど、ケガや故障、不調やスランプなどの経験をしています。つらく苦しい時期を過ごす中で、この状況を選手生命の「危機」と捉えることも少なくありません。しかし、スポーツ心理学者の杉浦（２００１）は、スポーツ選手の心理的成長が「危機」によって促進させることを指摘しています。

今では7年連続で3割の打率を誇るプロ野球のトップ選手である内川聖一選手（福岡ソフトバンクホークス）ですら、かつて周囲の重圧に耐えきれず、突然イップス（yips）を発症したことがあります。イップスとは、心因性動作失調といわれるもので、それまで当たり前のようにできていた運動が全くできなくなる症状です。例えば、セカンドからファーストまでの短い距離の送球すらコントロールできない、まさにプロ選手としては危機的状況に陥ったのです。そんな時、内川選手は臨床心理士の武野顕吾氏と出会い、イップスからの回復を目指す過程で、これまでの自分自身の物事の捉え方が柔軟性を欠いた偏ったものであったことに気づかされるのです。これが彼にとって大きな「転機」となりました。のちに、彼はあのイップスがなかったら今の自分はないと語っています。

杉浦（２００４）は、スポーツ選手個々が経験する「転機（Turning Point）／ターニングポイント」の捉え方が、その後の方向性を大きく左右し、選手の心理的成長に影響を与えると述べています。転機とは、「自分自身や自分の考え方が大きく変わることになったきっかけ、もしくは一連の出来事」ですから、つらい経験や失敗がその後の競技人生に思わぬ成果をもたらすためには、思い出したくもない経験を、意味がある出来事と肯定的に意味づけられるかが重要な分岐点となるのです。けれど実際には、否定的な経験が肯定的で意味のある経験へと変化していくためには、以下の３つのプロセスが必要とされます。

①**「空白期間」**―危機的な出来事を経験し、選手はやる気を失ったり、目標に迷ったり、思うような成績が出ずに悩んだりする状態、つまり「空白」の状態を経験するが、この空白期間が自己転換につながる重要な期間である。【例　あんなに練習したのに勝てなかった。きっと私には才能がないんだ】

②**「自己転換」**―転機になる出来事を受け入れ、その出来事に対して新たな意味づけを行い、またやる気になっていくような考え方を自らが再生し、それが自己の成長に至る動機づけを生成する。さらにその意識に伴って行動も変化していく。【例　勝てなかったけど、一生懸命にやることに価値があるんだ。よし、もう一度だけやってみようか】

③**「アンカーとしての出来事」**―アンカーとは、もともと船を停泊させる「いかり」のことで、転じて「頼みの綱」や「力になるもの」を意味する。「アンカーとしての出来事」とは、ある出来事を経験した結果（アンカー）によって、その後、悩みや困難に直面した時にも

それを乗り越えるための自信や教訓になることを意味する。

【例　どんな時にも最善の努力をしてきた。結果はどうあれ、今できる最善を尽くすことで道は開けるはず。こんなことでくじける私ではないはずだ】

米国には、『everything happens for the best（すべては最良に向かって起こる）』という格言があります。これは、すべてのことは最良に向かって起こるのだから、どんなつらい体験や失敗にも意味があり、それがのちにきっと価値あるものとなって自分の成功を後押しする貴重な経験となることを意図しています。この格言をなぞるならば、突然訪れる危機的な状況を不幸と思わず、自己が成長するための転機と捉え、それを乗り越えることで、その危機は人生を豊かにそして味わい深くしてくれるエッセンスにもなり得るということです。

分業的協働が重要。チームビルディング

たとえ能力の高い選手だけが集まっても、選手相互のまとまり無くしては「チーム力」は高まりません。一方で、個々の能力はそれほど高くなくても、チームにまとまりがあれば高いパフォーマンスが発揮されることもあります。それは剣道の団体戦においても同様で、大将級の選手だけを揃えても、必ずしも最強のチームには至らないのです。それが「チームづくり」の難しさでもあるでしょう。選手それぞれが先鋒から大将まで各ポジションの役割を明確に認識しチームとして効果的に機能すること、すなわち『分業的協働』こそが、チーム力に結びつくことが科学的見地からも実証されています。そのため、チーム力の向上とは、選手個々の能力の開発とは別に、目標達成のために育てるべき「集団としての力」なのです。

チームビルディングとは、「集団が効果的に機能し、メンバーの要求を満たしながら、作業条件を改善していくことを支援する方法」と定義され（Brawley & Paskevich, 1997）、スポーツチームのみならず、医療、教育、ビジネスなどの様々な分野に導入されています。そこでは、チームのメンバーに対して、集団目標の設定、メンバー間の対人関係、個人の役割理解、コーチやリーダーのマネジメントなどに焦点を当てた働きかけが盛んに行われていま

す。

近年では、チームに対するメンタルトレーニング・プログラムのひとつとして、チームビルディングが有効に用いられています。スポーツ心理学者の土屋（2001）は、ペアやグループで行うエクササイズ（構成的グループ・エンカウンター）を用いて、競技力の向上に成果をあげています。その中で土屋は、メンタルトレーニング・プログラムの最終セッションにおいて、選手間の相互信頼関係を高めるために「別れの花束」というエクササイズを行っています。このエクササイズは、これまでの競技生活やメンタルトレーニングなどを振返りながら、チームメイトに感謝したいこと、伝えたいことを、互いの背中に貼ってある「メッセージシート」に書き合うのです。その後、選手達は自分に向けて書かれたメッセージを読み、さらにメッセージ内容についてグループで話し合い、改めて自分とチームメイト相互の考え方と人間関係性を理解し分かち合うのです（シェアリング）。ここでは、個々の能力発揮がチームとして十分に機能するために、チームビルディングの一環として、相互信頼関係の構築に重点が置かれています。

そして、チームビルディングが成功するにつれて、集団は次のような特徴を持ち始めることが報告されています（Woodcock & Francis, 1994）。
①一貫性と先を見通した力を持つチームリーダーが生み出される
②メンバーが各自の役割と責任を理解し、それを受け入れている
③メンバーが集団の目標を達成することを追求し、それに向けた努力を惜しまない

④前向きでエネルギーに満ちて、力をつけていく環境自体を集団が開発していく
⑤公式、非公式のミーティングが効果的で、時間と資源を有効に利用できる
⑥チームの弱点を診断し、それらを低減、除去していく

このように、チームビルディングが進展することによって、チームは徐々に自立していき、「チーム力」という大きな武器を手に入れ、「強いチーム」へと変貌していきます。強いチームの特徴は、たとえスコアや流れが悪くてもお互いを信じ、試合者は自分が果たす役割にのみ集中します。焦らず動揺せず最後まで勝負を捨てることがありません。この様子は、競った試合内容であっても「最終的にはきっとこちらが勝つのでは」という強い期待感と安心感を周囲にもたらします。

「強いチーム」に至るには、選手個々の能力の開発だけに終始していては大幅なチーム力の発展には結びつかないことを、まずは選手・コーチ相互がしっかりと理解することが肝心です。そして、選手個人の研鑽のみならず、選手個々のつながりに目を向けた取り組みによって、チームはこれまでにない飛躍的なパフォーマンスを発揮する可能性を高めていくのです。

あとがき

東京オリンピック・パラリンピック（２０２０）を数年後に控え、オリンピアンや候補選手からメンタルサポートのオファーが急増しています。この事態が何を意味するのでしょうか？それは、たとえトップ選手であっても自分の「心」にどう向き合うかに苦悩し、どんな状況においても最高のパフォーマンスが発揮できる揺るぎないメンタルタフネスの追求に日夜尽力しているということです。この十数年間でスポーツ心理学領域に向けられる関心は大きな高まりをみせ、同時にメンタルトレーニング方法もずいぶん身近になってきた感があります。今や、就職試験に臨む学生から人間国宝の歌舞伎役者までもが、本番を前に自らのルーティンをつくって実行する、そんな時代になったのです。それだけに、「心を鍛える」ためにはどのようにすべきか、そこに大きな注目が集まっています。

心を鍛えるには、「心のメカニズム」を知ることから始めます。まずは、人間や心の特徴を正しく理解し、同時に必要に応じてこれまでの固定概念をリセットする必要もあります。そして、次に修得した知識を「どう使うか」が課題となります。もちろん、〝知っていること〟と〝できること〟は、異なるステージにありますから、知ったことを使いこなすステージに進むためには、一定の労力と時間が必要です。

また、指導者においても同様なことが言えます。修得したスポーツ心理学・運動心理学領域の理論を実践的に現場で使える方法論にまでどう落とし込むかが課題となります。「理論」と「実践」は両輪ですから、どちらかが欠けても上手く前に進みません。今、スポーツの指導者に求められているのは、「理論」と「実践」を双方向に往き来できる能力に他なりません。

さて、月刊剣道時代の連載コラム「こころの強化書」の第1回～第50回を再編集し出版された著書『本番で差がつく。剣道のメンタル強化法』（２０１３）は反響を呼び、多くの剣道選手や指導者によって活用されています。剣道関係者だけでなく、他種目で世界をねらうトップアスリートやコーチにも本書が愛読されていることは大きな喜びです。その使い方の一部をご紹介すると、部活ミーティングでの討議の題材、朝または夕稽古後の振り返り教材、スポーツ指導者講習会のテキスト、大学でのスポーツ心理学講義の教科書、メンタルトレーニング計画を作成する際の資料など、その活用法は多岐に渡っています。本書は１テーマ１５００字〜１７００字位の文字数に収めていますので、短時間の枠組における使用が可能なため、このような活用の仕方に適していたのでしょう。そして、この度『剣道 心の鍛え方』が出版されました。本書の内容は、「こころの強化書」の第51回〜第100回までを再編集したもので、全体的な構成は『本番で差がつく。剣道のメンタル強化法』と同様のつくりにしていますので、同じように活用することが可能です。

心の開発には「おわり」がないからこそ、その開発の過程で何かが「きっかけ」となり、心にまた新たな灯がともり動き始めることがあります。けれど、それが始まる「きっかけ」が何処に隠れているかはわかりません。ただ、わかっていることは、誰しもまだ自分さえ知らない可能性が残されているということ。潜在的に眠っていた可能性に気づき、それを日々の修錬の中で磨き、最終的に本番で高いパフォーマンスの発揮に繋げるためには、自らが抱えている心理的課題に向き合い、その改善に向けた取り組みを具体的に始めることが必要なのです。本書がこのような人の心を動かし始める端緒となることができたなら最高の幸せです。

最後になりますが、出版にあたってご尽力下さいました剣道時代編集長の小林伸郎氏に心から感謝の意を表します。ありがとうございました。

２０１８年１月

矢　野　宏　光

61. Woodcock, M., & Francis, D. (1994). Teambuilding strategy. University Press.
62. 山本勝昭 (2013). スポーツとレジリエンスとの関連性を探る コーチングクリニック 3月号, 16-19, ベースボールマガジン社.
63. 山中伸弥・緑 慎也 (2012). 山中伸弥先生に、人生とiPS細胞について聞いてみた 講談社.
64. 山﨑将幸・杉山佳生・村上雅彦・内田若希 (2006). 継続的な「動機づけビデオ」の視聴による心理的介入効果－女子中学生バドミントン選手への適用－ 九州体育・スポーツ学研究, 20(2), 1-8.
65. 山﨑将幸・杉山佳生・永尾雄一・河津慶太・王 雪蓮・熊崎絵理 (2009). Self-modeling 理論とその競技現場への応用 健康科学, 第31巻, 37-47.
66. 矢野宏光 (2013). 本番で差がつく。剣道のメンタル強化法 体育とスポーツ出版社.
67. 吉村 斉 (2005). 部活動への適応感に対する部員の対人行動と主将のリーダーシップの関係 教育心理学研究, 53巻2号, 151-161.

41. 長田久雄（2006）. 第15章老年期のポジティブ心理学 241-243, 島井哲志（編）ポジティブ心理学 ナカニシヤ出版.
42. Patricia M.Burbank, Deborah Riebe（編著）（2005）. 竹中晃二（監訳）高齢者の運動と行動変容―トランスセオレティカル・モデルを用いた介入 Book House HD.
43. Premack, D.（1962 ）. Reversibility of Reinforcement Relation. Science, 136, 255-257.
44. Premack,D.（1965）. Reinforcement theory. Nebraska Symposium on Motivation, 13, University of Nebraska Press.
45. Prochaska, J.O. & DiClemente, C.C.（1983）. Stages and Processes of Self- Change of Smoking Toward an Integrative Model of Change. Journal of Consulting and Clinical Psychology, 51, 390-395.
46. 佐々木則夫（2011）. なでしこ力 さあ、一緒に世界一になろう！ 講談社.
47. 佐藤琢志・祐宗省三（2009）. レジリエンス尺度の標準化の試み「S-H 式レジリエンス検査（パート1）の作成および信頼性・妥当性の検討」看護研究, Vol.42-1, 45-52.
48. Schmidt, R. A.（1975）. A schema theory of discrete motor skill learning. Psychological Review, 82（4）, 225-260.
49. Schmidt, R. A.（1994）. 調枝孝治（監訳）運動学習とパフォーマンス 大修館書店.
50. Seligman, M.E.P. & Maier, S. F.（1967）. : Failure to escape traumatic shock. Journal of Experimental Psychology, 74, 1-9.
51. 杉原 隆（1982）. 運動の心理学メカニズム 鈴木清ほか（編）体育心理学改訂版, 19-47 実務教育出版.
52. 杉原 隆（編著）（2000）. 新版幼児の体育 建帛社.
53. 杉原 隆（2003）. 運動指導の心理学 運動学習とモチベーションからの接近 大修館書店.
54. 杉浦 健（2001）. スポーツ選手としての心理的成熟理論についての実証的研究, 体育学研究, 46, 337-351.
55. 杉浦 健（2004）. 転機の経験を通したスポーツ選手の心理的成長プロセスについてのナラティブ研究, スポーツ心理学研究, 第31巻1号, 23-34.
56. 高畑好秀（2001）. その気にさせるコーチング術―コーチと選手のためのスポーツ心理学活用法 選手の実力を引き出す41の実践法, 58-60, 山海堂.
57. 土屋裕睦（2001）. ある大学女子スポーツチームに実施した構成的グループ・エンカウンターの効果 日本スポーツ教育学会第20回記念国際大会論集, 191-194.
58. 土屋裕睦（2010）.「メンタルサポート」の役割を考える コーチングクリニック 9月号, 20-27, ベースボールマガジン社.
59. Vygotsky, L. S.（1978）. Mind in Society: Development of Higher Psychological Processes. Cambridge, Mass. Harvard University Press.
60. Wang, J. et al.（2003）. Choking under pressure in competition and psychological intervention approaches. Strength and Conditioning Journal, Vol.25, 69-75.

20. 小林浩志（2014）. パワハラ防止のためのアンガーマネジメント入門 東洋経済新報社.
21. 児玉光雄（2011）. 本番に強い子に育てるコーチング，113-118, 河出書房新社.
22. 工藤孝幾（1987）. 視覚的指導・運動感覚的指導 松田岩男・杉原隆（編）運動心理学入門 186-195, 大修館書店.
23. Lindsley, D.（1960）. Attention, consciousness, sleep and wakefulness. In Field, J. et al.（Ed.）, Handbook of Physiology. Washington: American Physiological Society.
24. Maltz, M.（1997）. 謝 世輝（訳）マルツ博士の「サイコ・サイバネティクス」自分を変える心の魔術 三笠書房.
25. Masten, A.S., Best, K.M. & Garmezy, N.（1990）. Resilience and Development Contributions from the Study of Children Who Overcome Adversity. Development and Psychopathology, 2, 425-444.
26. Mehrabian, A.（1971）. Silent messages: implicit communication of emotions and attitudes. Wadsworth, Belmont, California.
27. Meinel, K.（1981）. 金子明友（訳）マイネル・スポーツ運動学 大修館書店.
28. 三浦雄一郎・三浦豪太（2013）. 冒険の遺伝子は天頂へ 祥伝社.
29. 文部科学省（2015）. 平成27年度全国体力・運動能力、運動習慣調査（調査結果の概　要）http://www.mext.go.jp/a_menu/sports/kodomo/zencyo/__icsFiles/afieldfile/2015/12/18/1365106_1.pdf（参照2016-10-5）.
30. Morgan, W. P.（1978）. The mind of the marathoner. Psychology Today, 11, 38-49.
31. 本明 寛（1990）. 自分を豊かにする心理学—ゆとりと生きがいをつくる知恵，PHP文庫.
32. 永尾雄一（2003）. スポーツ選手の動機付けに対しての動機付けビデオの有効性とその作成方法の研究 鹿屋体育大学大学院体育学専攻修士論文.
33. 中込四郎（編著）(1994）. メンタルトレーニング・ワークブック 道和書院.
34. 中込四郎（編著）（1996）. イメージがみえる 道和書院.
35. 夏目 誠（2008）. 出来事のストレス評価 精神経誌，110巻3号，182-188.
36. NHK スペシャル シリーズキラーストレス HP（2016）. http://www.nhk.or.jp/special/stress/（参照2016-6-20）.
37. Nideffer, R.M., & M. Sagal.（2001）. Attention control training principles. In: Applied Sport Psychology: Personal Growth to Peak Performance（4th ed.）J.M. Williams, ed. Mountain View, CA: Mayfield Publishing Company, 2001. 312-332.
38. 新谷優・ジェニファー・クロッカー（2007）. 学習志向性は失敗が自尊心に与える脅威を緩衝するか 心理学研究，78, 504-511.
39. Nisbett, R. E., & Wilson, T. D.（1977）. The halo effect: Evidence for unconscious alteration of judgments. Journal of Personality and Social Psychology, 35(4), 250-256.
40. Nitobe, Inazo（1900）. Bushido: The Soul of Japan.（Project Gutenberg）. http://www.gutenberg.org/files/12096/12096-h/12096-h.htm（参照2016-6-09）.

【引用・参考文献】(アルファベット順)

1. 阿川佐和子 (2012). 聞く力—心をひらく35のヒント 文春新書.
2. 青木照夫 (2008). いま、なぜ武士道なのか—現代に活かす『葉隠』100訓 ウェッジ文庫.
3. Bandura, A. (1975). (原野・福島訳) モデリングの心理学—観察学習の理論と方法— 金子書房.
4. Bandura, A. (1977). Self-efficacy: Toward a Unifying Theory of Behavioral Change. Psychological Review, Vol. 84, No. 2, 191-215.
5. Baltes, P.B. & Baltes, M. M. (1990). Psychological perspectives on successful aging: The model of selective optimization with compensation. In: Baltes P.B. & Baltes M.M., Eds., Successful Aging. Cambridge University Press.
6. Berglas, S., & Jones, E.E. (1978). Drug choice as a self-handicapping strategy in response to noncontingent success. Journal of Personality and Social Psychology, 36(4), 405-417.
7. Brawley, L. R., & Paskevich, D. M. (1997). Conducting Team building research in the context of sport and exercise. Journal of Applied Sport Psychology, 9, 11-40.
8. Bruner, J. S. & Goodman. (1947). Value and need as organizing factors in Perception. Journal of Abnormal and Social Psychology, 42, 33-44.
9. Bryan, W. L. & Harter, N. (1899). Studies on the telegraphic language: The acquisition of a hierarchy of habits. Psychological Review. 6, 345-375.
10. Dowrick, PW (1983). Self-modeling. In PW Dowrick & J. Biggs (Eds.), Using video: Psychological and social applications. 105-124. New York: Wiley.
11. Dowrick, P.W. (1997). Video feedforward. Northeast Healthcare Management, 6-9.
12. Gallway, W. T. (2000). 後藤新弥 (訳) 新インナーゲーム 日刊スポーツ出版社.
13. 月刊剣窓 (2013). 6月号 , 20, 全日本剣道連盟.
14. Gouin JP, Kiecolt-Glaser JK, Malarkey WB, Glaser R. (2008). The influence of anger expression on wound healing. Brain Behav Immun, Jul; 22(5): 699-708.
15. 市村操一 (編著) (1993). トップアスリーツのための心理学 同文書院.
16. 岩﨑由純 (2010). スポーツ現場における言葉の重要性 第4回ペップトーク (試合前のスピーチ) ① コーチングクリニック 9月号 , 46-50, ベースボールマガジン社 .
17. 岩﨑由純 (2013). 選手のこころを高める指導者の言葉 コーチングクリニック3月号, 24-27, ベースボールマガジン社 .
18. Jones, E. E., & Berglas, S. (1978). Control of Attributions about the Self Through Self-handicapping Strategies: The appeal of alcohol and the role of underachievement. Personality and Social Psychology Bulletin, 4, 200-206.
19. 葛山智子 (2013). スポーツで学ぶ MBA 講座「日本水泳、惨敗からの躍進。強い「チーム」のつくり方とは。」https://globis.jp/article/2103 (参照2015-8-15).

やの・ひろみつ
1968（昭和43）年　秋田県湯沢市生まれ。東海大学体育学部武道学科剣道コース卒業。東海大学大学院修士課程体育学研究科（運動心理学）修了。名古屋大学大学院博士後期課程教育発達科学研究科（心理学）満期退学。博士（心理学）、修士（体育学）。現在、国立大学法人高知大学教育学部教授。スポーツ心理学のスペシャリストとしてさまざまな競技のサポートに取り組むと同時に同大学剣道部監督。また、スウェーデン王国剣道ナショナル・チーム監督（2004～2009）など国際的にも活躍。一貫して「こころ」と「からだ」のつながりに焦点をあてた研究活動を展開。全日本東西対抗剣道大会出場（優秀試合賞1回）など。剣道教士七段。

剣道《けんどう》　心《こころ》の鍛《きた》え方《かた》
平成30年4月27日　第1版第1刷発行
令和6年6月6日　第1版第2刷発行

著　者　矢野宏光
発行者　手塚栄司
組　版　株式会社石山組版所
イラスト　森本浩子、小島サエキチ
編　集　株式会社小林事務所
発行所　株式会社体育とスポーツ出版社
〒135-0016　東京都江東区東陽 2-2-20 3F
TEL 03-6660-3131
FAX 03-6660-3132
https://www.taiiku-sports.co.jp
印刷所　図書印刷株式会社

ISBN978-4-88458-414-6　C3075 Printed in Japan